Obra poética completa

César Vallejo

Obra poética completa

Introducción de
Américo Ferrari

Alianza Editorial

Primera edición en «Alianza Tres»: 1982
Quinta reimpresión en «Alianza Tres»: 1990

PQ
8497
.V35
A17
1989

Indice

César Vallejo
entre la angustia y la esperanza

César Vallejo irrumpe en la escena de la poesía hispanoamericana a principios de los años veinte, es decir, que su obra es contemporánea de la de Vicente Huidobro en América, y, con pocos años de diferencia, de la de los poetas del 27 en España. Es la época de las llamadas vanguardias y de la poesía «experimental» que, en el mundo hispánico constituye, como lo ha enunciado Emir Rodríguez Monegal, «una puesta al día de los *ismos* europeos y una liquidación apasionada del modernismo», o, más bien, de los tópicos y clisés en que había degenerado el modernismo desde mucho antes incluso de la muerte de Darío, en 1916. Los *ismos* vanguardistas, sin embargo, resultarán pronto tan escolásticos y fosilizados como el mal modernismo decadente. A fuerza de calcar novedosos modelos foráneos y de aplicar ideas importadas sobre la experimentación poética, la poesía hispanoamericana se anemiza, o mejor dicho, sigue tan anémica como cuando calcaba los diseños neoclasicistas, románticos o parnasianos. Rubén Darío, rompiendo con el calco servil de las escuelas, insuflando un espíritu de libertad creadora en la fatigada literatura hispánica finisecular, había representado la gran revolución poética en su época, la que revivificó por un largo período la creación literaria en lengua española. En la encrucijada de los años veinte-treinta, y entre la estridencia y los manifiestos de las vanguardias, es quizá Vallejo quien encarna de la manera más cabal la libertad del lenguaje poético: sin recetas, sin ideas preconcebidas sobre lo que debe ser la poesía, el poeta peruano bucea entre la angustia y la esperanza en busca de su lenguaje, y el fruto de esa búsqueda es un lenguaje nuevo, un acento inaudito.

Este acento se puede hallar ya en el primer libro del poeta, *Los heraldos negros,* publicado en 1919 [1]. Sólo que en este libro hay dos libros, dos formas de poesía, dos tonos o acentos diferentes, y hasta opuestos. Uno es el acento original de Vallejo, abrupto, interrogante, caviloso, hermético, y que se resiste a todo intento de clasificación, irreductible como es a cualquiera de las maneras literarias entonces en boga; pero, coexistiendo con él, domina en varios poemas todavía un estilo modernista bastante trasnochado en el que es patente la influencia de Darío y, sobre todo, de Herrera y Reissig, o motivos y marchamos del simbolismo francés recogidos en traducciones españolas de Albert Samain y Maeterlinck. Visiblemente, en su primer libro Vallejo está buscando, con cierta incómoda perplejidad, su propia expresión, pero la persistencia tardía del simbolismo y el modernismo en estos poemas indica ya que el poeta, al emprender su obra, no parte de premisas anteriores o exteriores a la práctica misma de la poesía, no se propone reemplazar el modelo de la escritura modernista por ningún otro modelo que no surja directamente de su intuición: simbolistas y modernistas eran, seguramente, por los años en que fueron compuestos *Los heraldos negros,* las principales lecturas de Vallejo. Naturalmente parte de esa escritura que lo impregnaba, y naturalmente elabora otra, que se desarrolla no a partir de la aplicación de las nuevas normas o modelos de las vanguardias, sino de su propia y secreta intuición. Vallejo no reviste los ropajes abigarrados del modernismo sino para arrojarlos con impacien-

---

[1] Aunque *Los heraldos negros* fue impreso en 1918 —y ésa es la fecha que figura en la portada—, la edición salió de la imprenta y fue distribuida sólo en julio de 1919.

cia, y él mismo, según testimonio de su amigo de juventud Juan Espejo Asturrizaga, tenía conciencia de que la estética modernista le era ajena: «Vallejo se dolía, y lo manifestó en más de una oportunidad, de haber incluido en su primer libro poemas que no pertenecían a su propia cosecha. Algunas de sus más festejadas composiciones las acusaba de estar realizadas con una técnica que no le pertenecía.» No obstante, nos parece necesario aclarar un punto que pudiera dar origen a confusiones: la admiración que profesa Vallejo por Darío es cabal y sin reservas, pero va exclusivamente a la vitalidad creadora del gran nicaragüense, a su poesía desnuda y desgarrada entre la vida y la muerte, a la universalidad de su voz: «y Darío que pasa con su lira enlutada». Del mismo modo, la influencia de Herrera es profunda y decisiva, y persiste, creemos, más allá de la huella exterior que deja en poemas del primer libro como «Bajo los álamos» o los sonetos de «Nostalgias imperiales»: persiste subterránea y tenaz en la obra más madura del peruano a través de su carácter abstractivo y expresionista. Si la llamamos «afinidad» más que «influencia» estaremos seguramente más cerca de la verdad. Ello es que lo que interesaba a Vallejo en la literatura simbolista en general eran los *símbolos,* no la imaginería ni los tópicos ornamentales. Si en *Los heraldos negros* abundan las imágenes de factura modernista (y el título mismo del poema liminar que da su nombre a todo el libro es una de ellas), no es ciertamente, por lo menos en los poemas más personales, por seguir una moda literaria ya caduca, sino porque el poeta es consciente del valor simbólico que puede encerrar una imagen: signo visible que nos remite a lo invisible.

Hay, pues, en estos primeros poemas una tensión entre formas convencionales imitadas sin convicción, y la intuición y la expresión originales que pugnan por romperlas. Esta tensión es perceptible tanto en los poemas metafísicos y eróticos de «Plafones ágiles», «Buzos», «De la Tierra» y «Truenos», como en los cromos de inspiración localista y bucólica de «Nostalgias imperiales», en los que predomina el tema del indio, del campo serrano, del terruño; estos poemitas descriptivos proceden, evidentemente, de Herrera y Reissig, aunque modificado por la influencia indigenista entonces reinante: Fonoe y Melampo se han transformado en campesinos serranos, las flautas pastoriles en quenas incaicas. Poesía convencional, sin duda, en gran parte. Y, no obstante, hay algo más: bajo el corsé de las formas adventicias laten la emoción y la nostalgia, el apego a la tierra andina de un hombre que ya antes de salir del Perú, en la ciudad costeña de Trujillo primero, en Lima después, se sentía desterrado: desterrado del hogar, que se confunde con el lugar natal, que se confunde con la patria: La patria es el entorno andino con su poblador, el campesino indio y serrano. Más tarde, en París, el indio, esencializado y agigantado por la distancia y la nostalgia, será prototipo de humanidad: «Indio después del hombre y antes de él»; y la sierra peruana, símbolo de patria universal: «¡Sierra de mi Perú, Perú del mundo, / y Perú al pie del orbe; yo me adhiero!»

El tema indigenista y telúrico es, de todos modos, en *Los heraldos negros,* secundario: la vocación del verdadero Vallejo es rumiar obsesiones más que describir paisajes o cantar la raza. Y estas obsesiones, tal como se delinean ya marcadamente en los primeros poemas, son (procediendo en gran parte de los grandes románticos) la incógnita del destino del hombre, su agonía entre el tiempo y la muerte, el desamparo y la orfandad humanas, el silencio de Dios, y, por encima de todo, la necesidad inexplicable del dolor y del mal que el hombre ha de asumir sin comprender, los golpes del destino que nos caen sin que sepamos de dónde ni por qué: «Hay golpes en la vida tan fuertes... Yo no sé!» Este «yo no sé» en el umbral de la obra, resonará como un treno interminable a lo largo de toda la trayectoria poética de Vallejo. De entrada nos encontramos con la presencia irrebatible, injustificable de los oscuros mensajeros de la muerte, y el hombre desamparado, atónito, vuelve los ojos «como cuando por sobre el hombro nos llama una palmada»; vuelve los ojos, pero no ve sino misterio y tinieblas, y lo único que puede, lo único que sabe, es musitar angustiado: «yo no sé»... «Crece el mal por razones que ignoramos», dirá años más tarde el poeta, y de ahí, de ese crecimiento inexplicable del mal, el sentimiento oscuro de deuda, de culpabilidad gratuita que se manifiesta en este poema y se difunde por toda la obra: «... todo lo vivido / se empoza, como charco de culpa, en la mirada». Las causas del mal se substraen a la mirada del hombre, y, paradójicamente, es el hombre mismo el que resulta culpable sólo por haber vivido. Así encontramos desde el principio de la obra, frente a la certidumbre del sufrimiento que se expresa en un tono de comprobación seco y tajante («Hay golpes...», «Son pocos; pero son...»), un acento de incertidumbre, dubitativo e interrogante, perplejo, cuando el poeta considera el origen, la causa o la razón de los golpes que nos hieren («Golpes *como* del odio de Dios; como si...», «Serán tal vez los potros... o los heraldos...»), todo ello articulado sobre la triple reiteración de «yo no sé». Estamos en el núcleo mismo en torno al cual se va a desarrollar la obra poética de Vallejo: el no saber es como el detonador de la angustia y del sentimiento del absurdo, y pudiera decirse que en ello se funda toda la visión y la arquitectura poética del autor: en la visión de lo negativo, de la falta, de la carencia. El «yo no sé» de *Los heraldos negros* abre, en efecto, una doble perspectiva: la existencia, fáctica, limitada, múltiple, «que todaviiza / perenne imperfección» (T. XXXVI), y el otro plano, el del absoluto que es innombrable, pero que Vallejo, ya desde *Los heraldos negros,* nombra a veces «Unidad», y que no es nunca dado, sino buscado o deseado. Un fragmento de Novalis cifra bien, creemos, la preocupación existencial de Vallejo en *Los heraldos negros* y más allá de *Los heraldos negros: «Buscamos* por doquiera el absoluto y sólo *encontramos* cosas» [1].

---

[1] *«Wir suchen überall das Unbedingte, und finden immer nur Dinge.»* Sólo que en alemán *das Unbedingte,* que se traduce co-

13

Al «yo sé» en el plano de la existencia empírica (límites, caída, separación, limitación, culpa y finitud), responde ese «yo no sé» que se refiere a algo que trasciende la existencia fragmentada de cosa en cosa, de instante en instante: llamémoslo el ser por llamarlo de algún modo (el poeta Vallejo nunca habla del «ser»), pero en todo caso ese ser es esencialmente un «deber ser», es intuido como exigencia ideal de unidad, eternidad y amor: «una mañana eterna», sin límites ni muerte. En una óptica puramente religiosa sería el reino de Dios; pero Dios, en la medida en que aparece en *Los heraldos negros,* es hostil al hombre («golpes como del odio de Dios») o indiferente: «Dios mío, si tú hubieras sido hombre, / hoy supieras ser Dios, / pero tú, que estuviste siempre bien, / no sientes nada de tu creación.» O, si a veces aparece como Dios amante, es impotente:

> Mas ¿no puedes, Señor, contra la muerte,
> contra el límite, contra lo que acaba?

> («Absoluta»)

Y en «La de a mil», el vendedor de lotería es comparado a Dios: como Dios, atesora «humana impotencia de amor», y la suerte que aporta en sus manos irá a parar quién sabe adónde: «adónde no lo sabe ni lo quiere / este bohemio dios»... Es como si Dios mismo dependiera de un destino ciego o del azar; la existencia de Dios no puede, pues, justificar el sufrimiento humano, ni explicarlo, ni redimirlo. La divinidad así puesta entre paréntesis (y quedará entre paréntesis a lo largo de toda la obra, sin que podamos afirmar por ello que Vallejo fuese ateo), no queda sino el hombre solo, desamparado y dolorido, y frente a él, o en él, el enigma del dolor,

---

rrientemente como «lo absoluto», significa etimológicamente lo que no está condicionado o limitado como *cosa,* mientras que «absoluto» significa «separado»; pero justamente es la limitación implicada por la separación de lo absoluto o la unidad lo que angustia al poeta.

de la muerte y del vacío: la incógnita. Para expresar esta obsesión del vacío Vallejo recurre ya a partir de *Los heraldos negros* a la imagen-símbolo, que constituye uno de los más importantes elementos de ruptura con su etapa modernista en el primer libro, caracterizada sobre todo por el empleo de imágenes alegóricas («Tus pies son dos heráldicas alondras / que eternamente llegan de mi ayer!» — «Comunión»), o meramente sensibles en representación ornamental de algún aspecto del mundo («Verano! Y pasarás por mis balcones / con gran rosario de amatistas y oros» — «Verano») Frente a este tipo de imágenes trilladas del modernismo, las imágenes-símbolos de Vallejo, muy en particular relacionadas con la obsesión de la muerte o del vacío, aportan una nueva dimensión expresiva, en la que el elemento sensible no aparece sino como una variante que refiere a una constante inaccesible a la percepción de los sentidos. Encontramos así toda una gama de símbolos cuyo denominador común es *lo hueco:* la tumba abierta, la fosa, el hoyo, pero también cualquier objeto hueco —la boca, la cuchara, el sexo femenino, el lecho y, más tarde, los zapatos— y que refieren constantemente a la ausencia esencial que angustia al poeta, al vacío, a la muerte. Así en el poema «Desnudo en barro»: «¡La tumba es todavía / un sexo de mujer que atrae al hombre!», el sexo de la mujer refiere a la muerte a través de la tumba, y la tumba es también «el tálamo eterno», y «una gran pupila / en cuyo fondo supervive y llora / la angustia del amor». En el simbolismo de lo hueco, Vallejo redescubre, pues, la antigua unidad del amor y la muerte, pero el haz de símbolos que se anuda en esta poesía refiere también a menudo indisociablemente al hambre, que a su vez, sobre todo en *Trilce,* se vincula simbólicamente con el amor. En «La cena miserable» escribe el poeta:

> Ya nos hemos sentado
> mucho a la mesa, con la amargura de un niño
> que a media noche, llora de hambre, desvelado...

pero

> Hay alguien que ha bebido mucho, y se burla,
> y acerca y aleja de nosotros, como negra cuchara
> de amarga esencia humana, la tumba...

La meditación sobre la «esencia humana», vértebra de toda la poesía de Vallejo, se fija en la representación del vacío intuido como hambre, amor y muerte a través de la privilegiada figuración simbólica de unos objetos huecos.

La atracción que ejerce sobre el joven poeta lo hueco y el vacío, la muerte, o, más generalmente, la no existencia, apunta, sin embargo y sobre todo, a un plano metafísico que es el de lo absoluto, donde se borran todos los límites y quedan abolidas todas las determinaciones de la existencia; a lo que aspira el poeta (y que al mismo tiempo lo penetra de pavor) es a la indiferenciación total, a la reabsorción de lo múltiple con lo uno. La muerte es vista como la posibilidad de una unión amorosa universal, pero, en la ausencia de Dios, esta unión se realiza en el no ser:

> Y cuando pienso así, dulce es la tumba
> donde todos al fin se compenetran
> en un mismo fragor;
> dulce es la sombra, donde todos se unen
> en una cita universal de amor.

> («El tálamo eterno»)

Por el momento el sueño de unidad, que persiste tenaz hasta en los últimos poemas de Vallejo, parece proyectarse en la nada. De ahí la imposibilidad de salir de la angustia. El sueño o proyecto de unidad nace, en efecto, de la angustia que provocan en el poeta las limitaciones de la existencia, la inconsistente heterogeneidad del tiempo disgregado en instantes, la separación entre uno y otro. La realidad *debe* ser *una,* pero apenas intuida como unidad, la vida revela su dispersión, su irrefrenable heterogeneidad, erizada de lindes:

16

Y al encogerse de hombros los linderos
en un bronco desdén irreductible,
hay un riego de sierpes
en la doncella plenitud del 1.

("Absoluta")

Entre la obsesión de los límites que nos separan en la existencia y el tiempo, y la caída misteriosa fuera del tiempo y de la existencia, en la unidad negativa de la muerte, la angustia es un movimiento pendular: el poeta quiere librarse de los límites que nos aprisionan en la vida, pero es para caer en la angustia de la muerte, Linde suprema; entre las dos se frustra el destino del hombre, mal destino, en el aquí y en el ahora: «ahora, en esta lluvia que me quita / las ganas de vivir».

Y es en el aquí y el ahora donde justamente Vallejo se sitúa para hablar en versos temblorosos del ser precario del hombre, de su dolor inmediato, de la urgencia de su hambre: hambre de unidad absoluta, ciertamente, en un plano metafísico, pero de modo indisociable en lo concreto de la existencia, hambre corporal de alimentos terrestres, y hambre de justicia social y de nivel espiritual: «insaciables ganas / de nivel y amor» (T. XXII). Así, junto al sueño de unidad en el absoluto, apunta ya en *Los heraldos negros,* aunque todavía de modo borroso, una exigencia de solidaridad con los hambrientos y los desvalidos, que se precisará y se desarrollará años más tarde en *Poemas humanos.* Esta exigencia arranca, sin duda, de la obsesión vallejiana del hambre, y se vincula con la obsesión de la deuda y de la culpa, la cual tiene indudablemente raíces metafísicas —el hombre es culpable de haber nacido—, y se manifiesta concretamente en el sentimiento de que usurpamos lo ajeno, de que todo lo que tenemos, hasta nuestro ser físico, constituye una deuda con el prójimo:

Todos mis huesos son ajenos;
yo talvez los robé!
Yo vine a darme lo que acaso estuvo

asignado para otro;
y pienso que, si no hubiera nacido,
otro pobre tomara este café!
Yo soy un mal ladrón... A dónde iré!

(«El pan nuestro»)

Tenemos aquí —en esta obsesión del hambre y de la deuda—, el núcleo de algunos poemas de inspiración social y revolucionaria que se encuentran en *Poemas humanos,* y del compromiso con la causa comunista que por los años treinta, Vallejo creía ser la de los hambrientos y los oprimidos. De ahí esa impaciencia de redención colectiva, de justicia para todos los hombres: la abolición universal y eterna del hambre, ansiedad que se expresa cabalmente en los versos de «La cena miserable»:

Y cuándo nos veremos con los demás, al borde
de una mañana eterna, desayunados todos.

La unidad, metafísicamente intuida como indiferenciación en el seno de lo absoluto, se perfila ahora como unidad colectiva: el *uno* será un *todos.* «La unidad sencilla, justa, colectiva, eterna», remachará Vallejo veinte años más tarde, en un poema de *España, aparta de mí este cáliz.*

Habiendo partido del modernismo o impresionismo literario, Vallejo, ya en su primer libro, se aleja de él a grandes pasos, tanto desde el punto de vista de la expresión, como de las intuiciones centrales que sustentan su poesía y, por consiguiente, determinan su escritura: la visión del mundo, lo que con más precisión Pedro Salinas llama «el tema vital», es bien diferente, ya en los mejores poemas del primer libro, de la que inspiraba a simbolistas y modernistas: su poesía, tal como empieza a elaborarse en *Los heraldos negros,* es más expresionista que impresionista, si estas etiquetas pueden tener algún sentido en un poeta tan señero como Vallejo. En todo caso no se propone «cantar», con músicas brillantes, con imágenes brillantes, ni las bellezas del mundo, ni los grandes sentimientos, y ni siquiera la muerte ni el dolor: habla con voz rota, en versos rotos, de su perplejidad y su desamparo en la existencia, interroga a lo desconocido y se interroga, y esta interrogación concierne también a la forma de su propia poesía. Ya en este su primer libro Vallejo tiene conciencia de que en sus versos hay algo que chirría más que canta, y que ese chirriar tiene que ver con el nudo de interrogantes que atormentan su espíritu y que trabajan su verso:

> por qué en mi verso chirrían,
> oscuro sinsabor de féretro,
> luyidos vientos
> desenroscados de la Esfinge
> preguntona del Desierto.

(«Espergesia»)

Es siempre la angustia expresada en el «yo no sé». La irrupción irresistible de esta angustia modificará profundamente la escritura de Vallejo, haciéndola más y más tensa, abrupta y despojada. El poeta está ya en busca de una expresión que adhiera íntimamente a las raíces de la sensación, del sentimiento elemental y oscuro, del malestar del cuerpo y del espíritu, discontinua y libre de toda lógica impuesta por normas exteriores. *Trilce* está a las puertas.

Trilce apareció en 1922, pero los poemas que componen el libro fueron escritos a partir de 1918 o 1919; cronológicamente hay, pues, confluencia entre las últimas composiciones de *Los heraldos negros* y las primeras de *Trilce,* y no es de extrañar, pues, que algunos poemas del segundo libro, aunque aportando notables transformaciones en la expresión, prolonguen temas y acentos del primero; pero en general y en lo esencial, *Trilce* es, radicalmente, otra cosa; es poco decir que constituye una nueva etapa en la trayectoria del poeta: es, por lo menos en cierto número de poemas, una ruptura absoluta con todas las normas que no sean las que el mismo poeta libremente se da, un conato de transformación radical del lenguaje poético, tal como nunca se había dado en aquella época de experimentos y de innovaciones vanguardistas. En este sentido es erróneo asimilar *Trilce* a la poesía experimental de las vanguardias: la poesía de *Trilce* no es «experimental», sino «experiencial», procede de una experiencia profunda, personal y señera de la libertad de la palabra, e, indisociablemente, de los límites de esta libertad. Es lo que declara el propio Vallejo en una carta a su amigo Antenor Orrego: «El libro ha nacido en el mayor vacío. Soy responsable de él. Asumo toda la responsabilidad de su estética. Hoy, y más que nunca, quizá, siento gravitar sobre mí una hasta ahora desconocida obligación sacratísima, de hombre y de artista; ¡la de ser libre! Si no he de ser hoy libre, no lo seré jamás. Siento que gana el arco de mi frente su más imperativa fuerza de heroicidad. Me doy en la forma más libre que puedo y ésta es mi mayor cosecha artística. ¡Dios sabe hasta donde es cierta y verdadera mi libertad! ¡Dios sabe cuánto he sufrido para que el ritmo no traspasara esa libertad y cayera en libertinaje! ¡Dios sabe hasta qué bordes espeluznantes me he asomado, colmado de miedo, temeroso de que todo se vaya a morir a fondo para que mi pobre ánima viva» (...) «Quiero ser libre, aun a trueque de todos los sacrificios. Por ser libre, me siento en ocasiones rodeado de espantoso ridículo con el aire de un niño que se lleva la cuchara por las narices...»

La libertad, pues, para Vallejo, supone límites, aunque no sean sino los de preservar el alma misma del poema que es el ritmo (todo lo demás, metro, rimas, regularidad de las estrofas, nexos lógicos, es arrojado por la borda), y el único que responde por la libertad de su escritura y por los límites de esa libertad, es el propio poeta. Ello supone una tremenda y constante tensión, un equilibrio difícil entre la necesidad de destruir o desintegrar el lenguaje poético legado por la tradición (discursivo y enmarcado), y la necesidad de recrearlo a otro nivel, no ya como discurso estético y comunicación, sino como revelación o conocimiento en que el poeta se descubre a sí mismo y descubre el poema en la experiencia aventurada de la creación que es experiencia de la libertad: y ésta no tiene otros límites que los que le impone la forma esencial del poema. En efecto, el conato de liberación total del lenguaje conduciría, de no ser compensado por un movimiento inverso, a la disolución de las estructuras del lenguaje poético: tendencia que existe, sin duda, en *Trilce,* donde hay poemas que realmente frisan en la incoherencia. A ello alude seguramente Vallejo cuando habla de los «bordes espeluznantes» a los cuales se ha «asomado». El poeta tiene una lúcida conciencia del peligro que amenaza una poesía que pretenda hacer volar todos los puentes entre el lenguaje afectivo y el pensamiento categorial. Es así como, en el movimiento hacia la libertad que amenaza siempre con desembocar en el desorden, Vallejo se manifiesta preocupado por preservar la cohesión de sus poemas, esto es, el núcleo de sentido que da unidad al poema contra todas las fuerzas centrífugas que se ejercen sobre él: la tensión de la libertad en *Trilce* nace de la voluntad de salvaguardar la unidad de estructura de la composición poética, contra la tentación del libertinaje siempre amenazante en la dispersión de las palabras que pueden traducir la experiencia íntima, discontinua y fragmentada, pero que, substraídas a todo control y a todo proyecto, podrían resolverse en un incoherente balbuceo. Así, existen en los poemas de *Trilce* dos movimientos, centrípeto y centrífugo, hacia la unidad y hacia la heterogeneidad; la expresión poética los traduce en un lenguaje violentamente contrastado, lenguaje «dislocado» como lo caracterizó José Bergamín en su prefacio a la segunda edición del libro en Madrid, en 1931, que manifiesta el conflicto entre la exigencia de unidad y orden del espíritu, y los impulsos oscuros que tienden a dispersar el lenguaje en una notación heterogénea de impresiones, en un caos de sensaciones sucesivas, fugaces e inconexas. Para el Vallejo de *Trilce,* el poema debe transparentar la dispersión y la espontaneidad contradictoria de la experiencia vital, pero al mismo tiempo estructurarse en torno a un sentido y con un ritmo vertebrado.

Por otra parte, en lo que va de *Los heraldos negros* a *Trilce,* se ha acentuado el sentimiento de incertidumbre y de perplejidad del poeta ante la realidad. Se dilata el abismo entre el proyecto de unidad ideal y la realidad empírica, imperfecta y limitada, y la angustia y el sentimiento del absurdo se hacen más y más punzantes. Y ahora subyacen en Vallejo, añadiéndose al sentimiento de destierro que le produce la lejanía del terruño y del hogar, nuevas y dolorosas experiencias: la madre muerta en 1918, cuatro meses de cárcel sufridos en 1920, un amor tormentoso y fracasado. El sentimiento de exilio, de orfandad, de encierro, de imposibilidad de la unión amorosa domina casi todos los poemas de *Trilce,* y agudiza en el poeta la conciencia del conflicto entre la existencia dada de hecho, con sus determinaciones y sus límites, y el horizonte trascendente del deber ser, de lo absoluto y lo eterno. Este conflicto repercute más y más en la escritura poética, distorsionándola, amenazándola con el silencio, poniendo al descubierto el hiato entre un querer decir infinito, y las posibilidades siempre limitadas que ofrece el lenguaje de que dispone una sociedad. Así la escritura de *Trilce* manifiesta una exasperación o irritación constante en todos los planos: la versificación, la sintaxis, el vocabulario, aunque, aquí y allá, hay remansos. Veámoslo de más cerca.

«*Trilce* —ha dicho Juan Larrea— se nos aparece como un mosaico.» Y así es en efecto. Son 77 poemas sin títulos, numerados del I al LXXVII, en los que encontramos una gran diversidad de tonos y estructuras, como lo señalaba ya André Coyné en 1968: temas y estilos han sido barajados y entremezclados de tal manera que la ordenación en letras numerales, más que ordenar lo disperso parece proponerse, para decirlo con palabras de Larrea, «llevar el principio de antisistema a una aplicación poco menos que sistemática». La supresión de los títulos, además, traduce seguramente la voluntad del poeta de no delimitar en un título el contenido del poema, que en general rebasa y trasciende la anécdota o la experiencia vivencial que lo origina. Y si hablamos aquí de «supresión de títulos» más bien que de simple ausencia de títulos, es porque algunos de estos poemas son refundiciones de composiciones de forma más regular que en su primera versión llevaban título. Tal es el caso de los poemas XV, XXXVII, XLVI y LXI, que llevaban, respectivamente, por título: «Sombras», «Escena», «La tarde» y «La espera». Pero lo mismo pudiera haber sucedido con otros muchos; recientemente se ha revelado, por ejemplo, que los poemas XII, XXXII y XLIV constituían originariamente un solo poema que, con el título de «Este piano viaja para adentro», Vallejo había entregado para su publicación en el diario *La Crónica,* al salir de la cárcel, en 1921 [1]. El título mismo del libro no significa nada preciso, pero sugiere mucho: procede probablemente de los vocablos «tres» y «dulce». Curiosamente, un poema muy poco conocido de Vallejo, publicado en la revista *Alfar,* La Coruña, en 1923, lleva el mismo título: «Trilce». En él habla el poeta de «un lugar que yo me sé / en este mundo, nada menos, / adonde nunca llegaremos». Aunque por la escritura difiere bastante de lo que se encuentra en el poemario del mismo nombre (está escrito en tercetos eneasílabos regulares con un doble sistema de rima, consonante y asonante), Juan Larrea conjetura que ese poema hubiera podido estar ya escrito cuando se publicó el libro, de modo que Vallejo habría transferido al libro el título del poema. Es preciso recordar que *Trilce* es un título que Vallejo decidió a última hora, cuando las primeras carillas estaban ya impresas: el libro debía aparecer con el título «Cráneos de bronce» y bajo el seudó-

---

[1] Willy F. Pinto Gamboa: «César Vallejo, a propósito de un texto hallado», en *Perú Folk,* Lima, n. 5, abril 18, 1980. El poema empieza por las estrofas que en *Trilce* conforman el poema XLIV, prosigue con las del XII y termina en lo que después será el XXXII. Hay variantes substanciales a lo largo de todo el texto con respecto a las versiones de *Trilce.*

nimo de César Perú. Por fortuna, sus amigos lograron disuadirlo al último momento.

Por su estructura, su escritura y sus temas, *Trilce* es un libro sumamente complejo y contrastado, en el que hay ciertamente una voluntad de ocultación y de hermetismo. Es como si el poeta hubiera hecho todo lo posible para no facilitarle la lectura al lector. Al iniciar la lectura de *Trilce* debemos, pues, restablecer y distinguir, en la medida de lo posible, los hilos conductores que el poeta a placer enredó. Hemos dicho que el libro ofrece toda una gama de tonos, pero es posible distinguir una decena de poemas que se caracterizan dentro del conjunto por una escritura más sencilla y remansada, menos tensa y hermética que la que en general domina en el libro, más «regular» (cf. los poemas III, XV, XXIII, XXVIII, XXXIV, XLVI, LI, LII, LXI, LXV, así como el XXIV, de un corte simbolista particular en el libro). Son, por lo general, poemas que evocan el hogar y vivencias de la infancia, o algún episodio de los amores con Otilia, la amante limeña con la que Vallejo rompió en 1919. A veces, en vez de evocar la infancia con su voz y desde su desamparo de adulto, Vallejo se identifica con la voz del niño que fue, habla desde aquel niño, aboliendo la distancia entre el entonces y el ahora, cancelando el paso del tiempo en la presentación del pasado (poemas III y LI).

Aunque estas composiciones, por ciertos procedimientos de ruptura de la métrica y de las normas de la versificación en general, prefiguran el tono abrupto, disonante y deliberadamente inarmónico más característico de *Trilce,* conservan, no obstante, una estructura relativamente tradicional, se centran en una anécdota o desarrollan un tema, y no desconciertan demasiado los hábitos lógicos del lector. Si los comparamos con poemas como el IV, el XII o el XXV, sentiremos que de nuevo, como en *Los heraldos negros,* hay en *Trilce,* en los extremos, como dos tonos o maneras fundamentales, pero en el segundo libro con una compleja gradación desde los poemas más «claros» y remansados, hasta los más «oscuros» y descoyuntados. Dos tonos, pues, que, ante el análisis, se abren en una multiplicidad de tonos. En los poemas que se acercan a lo que llamamos el segundo extremo, o lo tocan, no son solamente ciertos elementos básicos del lenguaje lógico y de la versificación los afectados (grafías, transiciones, enlaces lógicos, léxico establecido; metro, rima, estrofas), sino que es la estructura misma del poema, como unidad mental y temática, la que amenaza con volar en astillas. Pero en general no vuela en astillas. Pese a todas las sacudidas, la armazón se mantiene en pie, sostenida sin duda por esa voluntad del poeta de no caer en el libertinaje, vale decir, estéticamente, en lo informe y en la incoherencia pura. Lo que en general desconcierta al lector en estos poemas es que parece como si no hubiera ninguna construcción, como si los vocablos, los versos, las estrofas se sucedieran sin orden alguno, independientemente de todo enlace orgánico, de toda relación lógica. Y, en efecto, si entendemos «construcción» en el sentido de un plan preconcebido, o incluso de una pre-visión del conjunto —diseño, esquema, modelo para armar—, estos poemas no son «construidos» (lo que no quiere decir en absoluto que no hayan sido estéticamente elaborados y reelaborados, trabajados y limados, como lo demuestran las variantes de las primeras versiones que se conocen). Simplemente no se nota en ellos una construcción aparente porque no han sido preconcebidos como moldes o marcos para volcar la materia poética en conformidad con normas preexistentes. El poema de *Trilce* se deja llevar por el flujo incesante de las vivencias. «El lirismo de Vallejo —apunta el crítico peruano Carlos Cueto Fernandini— no es constructivo. Los objetos tienen, de una manera pura y decisiva, una dinámica propia.» El poeta sigue libremente el orden de los objetos (en la acepción más amplia de la palabra: objetos de la percepción, o incluso de la prepercepción difusa de los estados de duermevela), desechando los marcos mentales que la delimitan y la integran en estructuras lógicas, funcionales y reconocibles. Pero, justamente, el mundo de los objetos se nos aparece como caótico y falto de sentido cuando la razón no lo reduce a la unidad transparente pero estrecha de sus propias leyes. Por lo demás, si es verdad que los objetos tienen en la poesía de *Trilce* una dinámica propia, hay que observar, empero, que para el poeta en tanto que tal, los objetos no constituyen el término inmediato y directo de su experiencia: este término son las palabras que pueden referirse también a una realidad transobjetiva, inasequible a la percepción. Son, pues, las palabras las que tienen esencialmente en *Trilce* una dinámica propia y tan irresistible que puede arrasar las leyes de la razón —incluyendo a veces las de la sintaxis— que quiere imponerles relaciones preestablecidas.

El mundo oscuro, confuso, fugaz y turbulento de las percepciones —a menudo a un nivel prelógico—, de las sensaciones, el torbellino de los objetos y las palabras que los designan, domina frecuentemente en *Trilce:* aparecen, desaparecen, hay algo: y el poeta anota sensaciones, figuras, contornos, ruidos; no hay nada, y el poeta escribe vacíos, silencios. Los poemas se organizan, se desorganizan así en un calidoscopio de impresiones, de cosas vistas, vislumbradas, sentidas, recordadas o deseadas, que se superponen, se entrechocan, se confunden, se excluyen. Un ejemplo, que escogemos por su relativa sencillez, el poema XII (que, como hemos dicho, ha sido desgajado de una versión anterior en que formaba una «unidad» con el XLIV y el XXXII):

Escapo de una finta, peluza a peluza.
Un proyectil que no sé dónde irá a caer.
Incertidumbre. Tramonto. Cervical coyuntura.

Chasquido de moscón que muere
a mitad de su vuelo y cae a tierra.
¿Qué dice ahora Newton?
Pero, naturalmente, vosotros sois hijos.

> Incertidumbre. Talones que no giran.
> Carilla en nudo, fabrida
> cinco espinas por un lado
> y cinco por el otro: ¡Chit! Ya sale.

El poema, como vemos, no «desarrolla» ningún tema, el lector carece de todo hilo conductor, de toda referencia que le permita situar la significación, orientarse a través de estas sensaciones e impresiones puntuales y dispersas, avanzar de un principio hacia un fin. No hay ninguna argamasa que amalgame los elementos de la composición, sueltos, simplemente yuxtapuestos: un proyectil. *Tramonto* (vocablo italiano con el que el poeta ha reemplazado «ocaso», que era el término utilizado en la primera versión). Mosca que cae. Talones inmóviles. Una «carilla en nudo» (?). Unas espinas. Alguien que sale. No sólo no se ve ningún vínculo entre estas impresiones, sino que todo en el poema queda absolutamente indeterminado. Uno se pregunta de qué «finta» escapa el poeta. La expresión «peluza a peluza» (¿falta de ortografía deliberada?) es aquí muy oscura, y si la alusión a Newton puede tener relación con la gravedad y el moscón que cae, no se sabe, en cambio, a quién representa en el verso siguiente el pronombre «vosotros», ni, aun menos, qué valor pueda tener la conjunción adversativa «pero» para introducir una frase que aparentemente no guarda relación alguna con lo anterior. Este poema no tiene, pues, una ley de construcción propiamente dicha, pero eso no quiere decir que carezca de sentido. Es evidente que hay un sentido: toda esta fantasmagoría de impresiones confusas se da, a pesar de todo, en torno a algo, el poema tiene un eje en torno al cual se dispone, aunque sea en desorden, la materia poética, y que, al borde de la incoherencia, salva al poema de la incoherencia. El eje es aquí el sentimiento obsesivo de la incertidumbre, palabra que, incrustada dos veces en el poema, se anuncia ya en el segundo verso por un «no sé»: el sentimiento obsesivo es el que da al poema su armazón, esclareciendo a la vez su sentido general: es un poema de la espera, incierta y ansiosa. Alguien espera a alguien (¿el poeta a su amada?) que, al fin, sale. Mientras dura la espera, el poeta enumera objetos, acciones, registra percepciones sueltas, piensa en Newton al ver caer un moscón. Las palabras se dispersan en un discurso difuso, casi delirante, porque los objetos o los acontecimientos que las suscitan se diseminan en una penumbra marginal: en el foco de la conciencia lo que se afirma es la incertidumbre de la espera. La reiteración de ciertos términos claves, que expresan obsesiones del poeta, constituyen un procedimiento frecuente en *Trilce,* y que da al lector un punto de apoyo para rastrear el sentido vertebral del poema. Así el «grupo dicotiledón» del poema V, el «golpe» del IX, «las cuatro paredes de la celda» en el XVIII, o el «miedo» en el XXVII.

Es también la reiteración insistente de ciertas grandes obsesiones lo que, a través de la heterogeneidad de los poemas, da a *Trilce* su sentido nuclear: el hogar perdido, la madre y la infancia; la cárcel y las paredes de la celda —límites, separación, aislamiento—; la relación erótica con la mujer (imposible sustitución de la madre), «grupo bicardíaco» que se rompe en el tiempo y en la fragmentación de la existencia donde 2 no puede ser 1. Todas estas vivencias se abren de nuevo como en *Los heraldos negros,* pero de una manera más decisiva y precisa, a una proyección simbólica y trascendente en la que el poeta se representa incansablemente la amenaza de los límites (a menudo expresada en un complejo simbolismo de los números) la unidad rota en el tiempo y la existencia, las «juntas de contrarios» que «desahucian», el desamparo, la orfandad, la muerte. Dios, en estos poemas, ha desaparecido casi por completo, y apenas si se le nombra: un Dios «sobresaltado» (XXXI). Queda sólo el mundo lleno de amenazas, incomprensible, absurdo: «Absurdo, sólo tú eres puro» (LXXIII). Más que nunca Vallejo intuye que, arrojado en el mundo, el hombre es un huérfano. En *Trilce* comienza el proceso de idealización y esencialización de la madre, ser tutelar universal e irreemplazable, que prosigue y culmina en *Poemas humanos.* Tan sólo la

Madre liberadora («Amorosa llavera de innumerables llaves») podría abrir las puertas de la cárcel, sacarnos de «las cuatro paredes de la celda». Pero la Madre está siempre, de antemano, esencialmente muerta, y el hijo se encuentra de antemano, esencialmente solo, «en busca de terciario brazo», dice Vallejo, «que ha de pupilar, entre mi dónde y mi cuándo, / esta mayoría inválida de hombre» (XVIII). La añoranza de la Madre es un aspecto fundamental de la inmensa nostalgia de felicidad que se difunde por la poesía de Vallejo; «la mujer que ha dado a luz / la madre del cordero, la causa, la raíz», dirá en *Poemas humanos:* la que engendra al hombre sacrificado, es para Vallejo al mismo tiempo —apoyando en el sentido de la popular locución española— la clave del conocimiento, la razón y la explicación del enigma; causa y raíz, representa el lugar del origen y expresa esa sed de unidad y eternidad, de unión o re-unión con el todo que en *Trilce* choca de manera tan dramática con el extrañamiento y la dispersión de la existencia. La pareja madre-hijo encarna afectiva y simbólicamente en Vallejo la reconstitución ideal de la unidad perdida. En el simbolismo de los números tan importante en *Trilce,* el *dos,* en el que se realizaría la ansiada unidad o reunión de los *unos* separados, adquiere un valor primordial y trascendente, pues, como lo expresa André Coyné, «encierra la intuición amorosa en el símbolo matemático general de todo lo que existe bajo la forma de dos»: en particular, este símbolo implica en la misma representación a la madre y a la amada, que ya se encontraban asociadas en *Los heraldos negros.*

En *Trilce* la madre protectora es ante todo la madre que dispensa el alimento; Vallejo prosigue, pues, ahondándolo, el tema del hambre y del pan, ya presente en el libro anterior, con un alcance simbólico universal. El pan que da la madre es saboreado religiosamente como una especie sensible del amor, es símbolo de comunión y comunidad: la madre del poema XXIII reparte a sus hijos no «pan», sino «ricas hostias de tiempo»; pero la madre está ya para siempre ausente, y todo el amor de la madre prodigado en pan no habrá servido sino para que «ahora nos sobrasen / cáscaras de relojes en flexión de las 24 / en punto parados». La comida es «ágape», signo sensible del amor, y la hora de las comidas es un momento privilegiado —pero que pertenece a un mundo *inexistente*—, momento de plenitud y comunión que el huérfano evoca desde su mayoría inválida de hombre, en que el comer es ya sin amor. Sentado a la mesa de un buen amigo, el huérfano tiene hambre de la felicidad, de la unidad afectiva para siempre abolidas, no de los manjares presentes:

> Cómo iba yo a almorzar. Cómo me iba a servir
> de tales platos distantes esas cosas,
> cuando habráse quebrado el propio hogar,
> cuando no asoma ni madre a los labios.
> Cómo iba yo a almorzar nonada.
> ... ...
> El yantar de estas mesas así, en que se prueba
> amor ajeno en vez del propio amor,
> torna tierra el bocado que no brinda la

> MADRE,

> hace golpe la dura deglución; el dulce,
> hiel; aceite funéreo, el café.

> Cuando ya se ha quebrado el propio hogar,
> y el sírvete materno no sale de la
> tumba,
> la cocina a oscuras, la miseria de amor.

>   (XXVIII)

Cuando ya se ha quebrado el propio hogar toda la comida sobra. Aquí se trata de hambre de amor que, no satisfecho, «corta el apetito», provoca un vacío espiritual que desrealiza los alimentos, de modo que las viandas dejan de ser sustancia de vida para convertirse en signo y evocación de la muerte; muerta la madre (y recalquemos de paso la presencia desmesurada de esta ausencia traducida en la grafía del poema: la madre desgajada del verso, en caracteres mayúsculos) el poeta no puede comer, porque tiene como «un nudo en la garganta»: un síntoma de la angustia.

Más aun: la madre al morir deja al hijo abandonado en el mundo, y el mundo le cobra al huérfano «el valor de aquel pan inacabable», «el alquiler del mundo donde nos dejas» (XXIII), haciendo pagar a los desdichados lo que les ha sido dado por la madre, lo que en todo caso siempre se les hubiera debido dar. En esta amarga protesta se prefigura en cierto modo el Vallejo revolucionario de los años treinta, solidarizado con los pobres del mundo, llamando a todos los niños del mundo —única esperanza— para que salgan en busca de la madre España: otra madre muerta.

Pero aún no es eso. *Trilce* no es la esperanza en el hombre, sino la angustia ante el mundo, y quizá, ante todo, la angustia del tiempo. El tiempo es también una cárcel. Vallejo está encerrado en el recuerdo y revive el pasado, el hogar feliz y unitario, y todo el pasado viene a abismarse en el presente como en un hueco que eternamente se llena de ausencia, la ausencia asediante de todo lo muerto y lo no nato. Todo esto está en relación con una visión cíclica del tiempo que apuntaba ya en *Los heraldos negros:* en «Los anillos fatigados» (el título mismo sugiere la forma circular del tiempo), «Dios, curvado en tiempo, se repite, y pasa.» La repetición monótona del tiempo se simboliza en el repetirse de las horas y los días de la semana, «las siete caídas de esa cuesta infinita», que vuelven implacables con su «sábado de harapos» y «el domingo bocón y mudo del sepulcro». Por eso, ya en *Trilce,* las dimensiones temporales se confunden y se anulan. El tiempo en su girar nos trae siempre al mismo momento del presente el mismo peso del pasado que nos agobiará, siempre el mismo, en el futuro. De ahí que se trastruequen las dimensiones temporales: «el traje que vestí mañana / no lo ha lavado mi lavandera» (VI). Futuro y pasado se funden en la indiferenciación, pues lo único que hay es el vasto y desierto presente que se repite, digamos mejor, que está siempre ahí. Tal es el tiempo estancado que nos presenta Vallejo en el poema II; anecdóticamente, es un poema de la cárcel: en el momento caluroso y monótono que precede a la siesta se revela la presencia del tiempo inmóvil. Mediodía, vértice del presente, se amalgama con el pasado («Era Era») y se reserva para el futuro. La bomba del cuartel achica y almacena tiempo, presto a volcarse en el inminente mañana que será de nuevo un hoy. Pero la última estrofa nos revela que *hoy, mañana, ayer* sólo son nombres que aíslan y determinan lo idéntico («Lomismo») en el flujo del devenir: y, por consiguiente, de nuevo, los límites que nos «herizan»:

> ¿Qué se llama cuanto heriza nos?
> Se llama Lomismo que padece
> nombre nombre nombre nombrE.

Años después dirá el poeta: «Hoy es domingo y esto / tiene muchos siglos; de otra manera, / sería, quizá, lunes...» El nombre hace cuajar en «Lomismo» la diversidad del tiempo y convierte todos los domingos en «el» domingo. Situado en el tiempo, y al nombrar las dimensiones del tiempo, el hombre se vuelve a encontrar siempre en Lomismo, pues siempre ha sido, es y será mediodía o las 11, y habrá siempre domingo o jueves para que podamos morir un jueves, o sufrir un domingo.

De ahí la angustia que se anuda en la contradicción vertiginosa del tiempo. La hora que señala el reloj es siempre la misma, pero nunca es la misma. El día o la hora que son siempre la misma cosa son también otra cosa; por debajo del nombre que aísla lo idéntico, el tiempo se disgrega y nos disgrega, es pura diversidad, multiplicación incoercible de la realidad. Cada hora lleva en sí la hora siguiente y una infinidad de horas por venir y nada puede parar este flujo. La obsesión de los números que se manifiesta en varios poemas del libro expresa el deseo tenaz de unidad y la dolorosa perplejidad ante lo múltiple. El poeta quiere que aquello que es «sea sin ser más», que «nada trascienda hacia afuera», para que «no glise en el gran colapso». Pero al mismo tiempo comprueba que es imposible que

32

algo sea sin dispersarse fuera de sí mismo en un proceso de multiplicación que es la existencia misma: «No deis 1, que resonará al infinito. / Y no deis 0, que callará tanto, / hasta despertar y poner de pie al 1» (V). La moneda de que nos habla el poema XLVIII es el símbolo de la existencia implícitamente comparada a un engranaje de innumerables piñones. Una moneda, abstractamente considerada como unidad numérica, «acaba por ser todos los guarismos, / la vida entera», que nunca es verdaderamente «entera» (salvo quizá en el momento de la muerte), siempre imperfecta porque se prolonga siempre más allá, en el instante sucesivo y en la experiencia sucesiva. Es el infinito imperfecto: lo indefinido. «Y la gallina pone su infinito, uno por uno», remachará Vallejo en uno de sus poemas póstumos. Lo mismo sucede con el amor y la vida sexual en general: en la pareja —«grupo dicotiledón» o «grupo bicardíaco»— se anuncia ya una «trinidad», y de ahí el deseo que expresa el poeta: que los novios «sean novios en eternidad» (V); el placer nos «destierra» («nos DestieRRa») porque «nos engendra sin querer» (LX). Como la del tiempo, la angustia del amor y la sexualidad se relaciona, pues, en Vallejo con la obsesión de la unidad rota.

El mundo de *Trilce* es un mundo extraño, lleno de fronteras y de púas, donde todo impulso de liberación se frustra entre las cuatro paredes de la celda, en las prisiones del recuerdo obsesivo, en los laberintos de la sensación, en la pura inmediatez de la existencia donde la realidad es fragmentada, absurda, ininteligible: «Haga la cuenta de mi vida / o haga la cuenta de no haber aún nacido / no alcanzaré a librarme» (XXXIII). El hombre con su esperanza y esa dolorosa grandeza que vibra en los últimos poemas está casi totalmente ausente en *Trilce*: es un mundo vacío, oscuro y hostil, que da miedo, «miedo del bloque basto y vasto» (LXXIII), con dos polos, la sensación inmediata y el recuerdo: la percepción de la diversidad incoherente y el recinto cerrado de lo irremediable. El porvenir está cerrado, el mundo de las lejanías, el verdadero mundo humano, cerrado también, y el poeta se siente inmovilizado: «Yo no avanzo», musita. El miedo se difunde por las páginas de *Trilce:* miedo quizá de ese abismo que se va ensanchando entre la prisión en que se debate el poeta y un mundo humano de abertura y esperanza; a propósito de ese oscuro sentimiento de miedo, Vallejo se refiere, en el poema XXVII, a unos «puentes volados», símbolo transparente de aislamiento y separación, como en el poema XLIX las púas de las rejas, la guardarropía cerrada, y esos bastidores donde «no hay, no Hay nadie», son signos de soledad, de ausencia, de vacío y de muerte.

Por eso la experiencia de *Trilce,* por más imperiosa y fascinante que fuera, no podía proseguir, y no podía intentarse sino como una exploración limitada e irrepetible. Con este libro Vallejo conquista, en la libertad de su palabra, su libertad de poeta, pero esta vía de liberación es al mismo tiempo un callejón sin salida. Siguiendo, como alucinado, las explosiones sordas de la sensación, el impulso elemental de los afectos, las fijaciones obsesivas de la infancia abolida, el lenguaje corre el riesgo de agotarse antes incluso de elaborarse, acaba por confundirse con los escombros de un mundo absurdo. En ese límite, no quedaría sino optar por el silencio, puro y simple. Vallejo optó por proseguir en la empresa poética.

Después de *Trilce,* Vallejo publica en 1923 un libro de prosas, *Escalas melografiadas,* que, tanto por algunos de sus temas como por la tensión de la escritura, guarda relación con *Trilce,* y una breve novela, *Fabla salvaje.* El mismo año viaja a París, donde vivirá hasta su muerte, en abril de 1938. Pero no publicará más poemas, salvo unos pocos en revistas. El porqué, lo declara el mismo Vallejo de modo terminante en 1927 en una carta a Luis Alberto Sánchez: «Le envío unos versos de mi nueva cosecha. (...) Son los primeros que saco a la publicidad después de mi salida de América. Aun cuando se me ha solicitado poemas continuamente, mi voto de conciencia estética ha sido hasta ahora impertérrito: no publicar nada, mientras ello no obedezca a una entrañable voluntad mía, tan entrañable como extraliteraria.» Prácticamente, pues, toda la obra poética después de *Trilce* es póstuma, salvo cuatro poemas [1].

Es indudable que algunos de los poemas (unos en prosa, otros en verso) de lo que llamaremos la primera etapa de los años de París, prolongan la escritura y los temas de *Trilce,* pero la escritura es más firme, más sobria, menos crispada. Si en textos como «El buen sentido», «Lánguidamente su licor» o «Me estoy riendo» se pueden encontrar aún formas de expresión torturadas o descoyuntadas, en la mayor parte de los poemas, sin embargo, se revela una voluntad de simplicidad y de economía que excluye todo lo que pueda disfrazar o distorsionar la expresión directa de la emoción. Así algunas composiciones se presentan bajo la forma de letanías («La violencia de las horas», «El momento más grave de mi vida»), forma que reaparece en poemas posteriores como «Traspié entre dos estrellas» o «Redoble fúnebre a los escombros de Durango», o bien se estructuran en la repetición insis-

---

[1] A su muerte, Vallejo dejó un paquete que contenía el poemario *España, aparta de mí este cáliz,* compilado y titulado por el autor, y cerca de un centenar de poemas sin título que fueron publicados en 1939 por Georgette Vallejo y Raúl Porras Barrenechea con el título, elegido por los editores, de *Poemas humanos.* En 1968 Georgette Vallejo escindió este bloque de poemas en dos libros, a los que pone por título *Poemas en prosa* (1923/24-1929) y *Poemas humanos* (1931-1937), en la *Obra poética completa,* edición con facsímiles, Lima, Francisco Moncloa Editores, 1968. Juan Larrea, por su parte, en su edición de la *Poesía completa* de Vallejo (Barral Editores, Barcelona, 1978) redistribuye estos poemas póstumos también en dos conjuntos —aunque con criterio muy diferente al de la viuda del poeta—: «Nómina de huesos» (1923-1935/36) y «Sermón de la barbarie» (octubre de 1936-diciembre de 1937). Hay que señalar que Vallejo en 1935/36 había hecho gestiones ante un editor español para publicar un libro de poemas que seguramente comprendía toda su poesía después de *Trilce* hasta 1935: Larrea conjetura que ese libro debía llevar por título «Nómina de huesos», que era el primer poema de todo el conjunto de inéditos en el orden en que los dejó Vallejo. En cuanto a «Sermón de la barbarie», es título elegido por Larrea y sacado de un verso del poema «Sermón sobre la muerte».

tente, pero no siempre regular, de un *leit motiv,* de vocablos clave que, martillando la presencia de una idea o un sentimiento obsesivos, organizan y concentran la materia de la intuición (por ejemplo, *el dolor* en «Voy a hablar de la esperanza»). Hemos visto que este procedimiento constituía ya una forma de estructura en *Trilce,* y reaparecerá en diversos poemas de la última etapa del poeta *(el dolor,* de nuevo, en «Los nueve monstruos»; *la vida,* en «Me gustaría vivir»; *el hombre,* en «Considerando...», etc.).

Vallejo se va a orientar así hacia una escritura poética en la que los vocablos, a fuerza de ser repetidos, martillados, confrontados, ejercen, nada más que por su presencia, una especie de fascinación; arrastran hacia su centro, que es el centro de una obsesión, el contenido del poema. Cada palabra constituye como un ámbito absoluto, y también como un enigma que el poeta interroga en el acto mismo de formular sus palabras como quien plantea una incógnita: «¡Y si después de tántas palabras, / no sobrevive la palabra!» Las palabras, en *Poemas humanos,* serán verdaderos centros de gravitación que relegan a un plano secundario los elementos propiamente relacionales del lenguaje: las palabras tienen una densidad propia y significan por su sola presencia, como claramente se puede apreciar en poemas como «La paz, la abispa, el taco, las vertientes» o «Transido, salomónico, decente». Pese a las oscuridades que de ello pueden derivar, los poemas póstumos en general parecen más organizados, menos disonantes que los de *Trilce.* Poemas muchas veces sin título, sin siquiera un simple número, como en *Trilce,* que los delimite o los aísle el uno del otro. Muchos de ellos parecen no empezar donde empiezan, como si el primer verso no hiciera sino prolongar una meditación anterior y tácita que, de pronto, irrumpiera en palabras y de la que los versos ofrecidos al lector fueran sólo un fragmento visible. Del mismo modo estos poemas no *terminan,* en el sentido propio de la palabra, al fin reaparece la obsesión del principio, y es como si el poeta prosiguiera en silencio la misma meditación que tomará cuerpo y se volverá a formular en otro poema. En medio de esta tenaz meditación poética, el poeta rompe a hablar, luego se calla sin más, y vuelve a empezar: la poesía de *Poemas humanos* es poesía abierta.

La lengua en *Poemas humanos* se ha hecho más homogénea, más matizada y precisa, sostenida en un ritmo tanto más amplio y modulado cuanto menos rígidos son los esquemas métricos que, en su libertad, se inspiran medularmente, sin embargo, en las formas más clásicas de la poesía española, en particular la combinación de endecasílabos y heptasílabos. La amplitud y el ímpetu, a menudo torrentosos, del nuevo lenguaje que Vallejo conquista en sus últimas etapas alcanza a veces los acentos del himno, tono raro en Vallejo, pero que corresponde seguramente a una nueva esperanza en el hombre, esperanza de destruir el mal, la cual crece en el espíritu atormentado del poeta desde los años treinta. Así en «Salutación angélica», en «Los mineros salieron de la mina», en «Telúrica y magnética» y, sobre todo, en el «Himno a los voluntarios de la República». La distancia recorrida es, pues, grande por respecto al libro anterior, y se puede observar, en particular, que acaban por desaparecer totalmente ciertos procedimientos expresivos de *Trilce,* como los espacios blancos, las onomatopeyas chirriantes, las letras invertidas, las mayúsculas que subrayan el alcance afectivo de un vocablo. La emoción mana espontánea, siguiendo los meandros de una lengua que busca adaptarse estrechamente a la intuición, lengua a veces límpida, pero a menudo también desesperadamente oscura.

Sobre la oscuridad de la poesía de Vallejo habría mucho que decir. Hemos visto ya desde *Los heraldos negros* qué dolorosa perplejidad, qué ansiosa interrogación del misterio determina desde sus raíces la creación de este universo poético en que el poeta sondea causas desconocidas y choca con límites inexplicables. Si el lenguaje de estos poemas es tan a menudo oscuro, es porque se tensa en un perpetuo esfuerzo por expresar niveles de la realidad en los que nada es claro. En el umbral de la obra el «yo no sé» abría una perspectiva de interrogación y de búsqueda; al final de la obra esta perspectiva sigue abierta; el mundo y el destino del hombre se presentan todavía al poeta como un enigma, pero de carácter fundamentalmente afectivo y emocional. La aspiración a saber no tiende naturalmente al conocimiento conceptual abstracto, sino a la comprensión cordial del hombre y del mundo, y en particular del porqué de la desdicha del hombre en el mundo. Particularmente significativos en este sentido son unos versos del poema «Quiere y no quiere su color mi pecho»:

> Que saber por qué tiene la vida este perrazo,
> por qué lloro, por qué,
> cejón, inhábil, veleidoso, hube nacido
> gritando;
> saberlo, comprenderlo
> al son de un alfabeto competente,
> sería padecer por un ingrato.

Toda la vida de Vallejo es un esfuerzo por conquistar, en la escritura misma de cada poema, este «alfabeto competente» o lenguaje adecuado: un lenguaje adecuado a la oscuridad de la intuición, a la visión de las tinieblas no puede ser sino oscuro. El poeta desciende a la noche y toda la noche debe ser dicha en el poema, el poema debe mostrarla; él la ha visto, la ha tocado, y pide que lo escuchen «en bloque»:

> y si vi, que me escuchen pues, en bloque,
> si toqué esta mecánica, que vean
>   lentamente,
> despacio, vorazmente, mis tinieblas.

> («Panteón»)

El poema da a ver tinieblas, y el lenguaje siempre precario que nos las da a ver debe ser escuchado en bloque y —por más reñido que ande con la lógica— comprendido, cordialmente, con toda su densa oscuridad. Cordialmente, decimos, porque la adecuación que el poeta persigue entre la oscuridad de su intuición y las oscuras palabras que la revelan no puede lograrse, y de una manera siempre imperfecta (la poesía de Vallejo es imperfecta en la medida en que es abierta), sino en el dinamismo de la emoción: en esta fuerza oscura es donde se revela el sentido esencialmente afectivo de la poesía de Vallejo: «en el sentido llorante de esta voz» («Esto...»).

La lengua difícil de *Poemas humanos* quiere transmitir adecuadamente una experiencia del hombre y del mundo; pero, como hemos visto, es ante todo la experiencia del vacío, de la falta, del dolor y del tiempo que nos disgrega, y choca continuamente con el anhelo de plenitud, de unidad, de felicidad eterna. Al tener que mostrar lo que ve, quizá más aún lo que palpa o toca a tientas, el poeta se niega a disfrazar de armonía y de claridad intelectual esa realidad insondable hecha de contrarios que nunca se concilian: «los límites dinámicos, feroces»; realidad atroz que deja ver «en la lesión de la respuesta, / claramente, / la lesión mentalmente de la incógnita». Es sobrecogedor ese «claramente»...; esa realidad atroz, el poeta la expone, pues, sin ambages: «ya que, en suma la vida es / implacablemente, / imparcialmente horrible, estoy seguro» («Panteón»). Y si alguien queda perplejo ante ese universo de tinieblas, de límites, es ante todo el mismo poeta que lo revela en su poema; de ahí el acento de congoja que rara vez abandona a Vallejo; de ahí esas *yuntas,* esas parejas de significaciones en conflicto que no son nunca abolidas ni superadas: el todo-la nada, el alma-el cuerpo, lo alto-lo bajo, el nunca-el siempre, el tiempo-la eternidad, la vida-la muerte, Dios-nadie. De ahí también las alusiones oscuras, las bruscas interrupciones del pensamiento como suspendido por encima del vacío donde se busca a sí mismo; y todas esas palabras que el poeta machaca, como si a fuerza de repetirlas quisiera apurar un sentido que nunca se revela: «y siempre, mucho siempre, siempre, siempre, siempre». Y todas esas expresiones que no concluyen ni definen nada, pero que dicen con genial torpeza la imposibilidad de concluir y definir: «Entonces... ¡Claro!... Entonces... ¡ni palabra!» («Y si después de tantas palabras...»)

Hay, pues, en la base misma de la poesía de Vallejo, la conciencia de un conflicto entre la expresión y la intuición, de una distancia entre el sentido y las palabras, que explican más que implican, que representan en abstracto en vez de figurar lo concreto. Cada palabra, bloqueada en su significado conceptual, dice por separado un fragmento de la realidad, de modo que la intuición de la unidad que el poeta persigue y que, *stricto sensu,* no tiene nombre, no puede ser nombrada de manera totalmente adecuada en el poema. Las palabras ejercen función de mediadoras entre el sentimiento directo de la realidad y la conciencia, se interponen como un tabique transparente pero aislante, y Vallejo sufre del «lenguaje directo del león», lo que origina en su obra un conflicto fundamental, pues el lenguaje del león es rugido, no poesía, y el poeta se propone no rugir, sino escribir la Unidad en esas palabras que, como los números alucinantes de *Trilce,* adicionan unidades que son fragmentos. Esta distancia entre la palabra y el poeta es fuente de angustia, pero también de reflexión. En el acto mismo de escribir poesía el poeta enfoca ese acto como objeto de su reflexión. Ya en *Los heraldos negros* Vallejo se interrogaba sobre el *chirriar* de sus versos, y en *Trilce* la tentación del silencio irrumpe en el poema y lo rompe: «Aire, aire! Hielo! / Si al menos el calor (―――――― Mejor / no digo nada. / Y hasta la misma pluma / con que escribo por último se troncha.» Esta reflexión, en la obra de la madurez, se ha hecho más precisa, deja de ser una simple notación del vacío o de la fricción en medio de un poema, para hacerse poesía cuyo tema es la propia poesía, el conflicto entre la necesidad de decir y la insuficiencia del decir; así en el importantísimo poema «Intensidad y altura»:

> Quiero escribir, pero me sale espuma,
> quiero decir muchísimo y me atollo;

no hay cifra hablada que no sea suma,
no hay pirámide escrita, sin cogollo.

Quiero escribir, pero me siento puma;
quiero laurearme, pero me encebollo.
No hay toz [1] hablada, que no llegue a bruma,
no hay dios ni hijo de dios, sin desarrollo.

En este soneto —el único soneto perfectamente regular y de corte clásico de toda la poesía de Vallejo si hacemos abstracción de algún soneto modernista de *Los heraldos negros*— el poeta da una nueva forma a una antigua obsesión: la del conflicto entre la unidad y la multiplicidad; de ella, como hemos visto, deriva el tema de los números en *Trilce,* y también la angustia del tiempo y de la generación. Ahora esta obsesión viene vinculada con el problema de la expresión poética y de su frustración: el poeta quiere decir muchísimo y se atolla. El poema confronta, dos a dos, en los dos primeros endecasílabos de cada cuarteto, términos simétricos y antagónicos, que dicen la dificultad de expresarse por la palabra; los dos últimos versos de cada cuarteto constituyen una especie de «explicación» que integra el problema de la expresión poética en un ámbito nocional más vasto, el del desarrollo de lo uno en lo múltiple. En los primeros versos de los cuartetos se anuda la angustia de la escritura frustrada en un sentimiento de animalidad: «quiero escribir, pero me siento puma» (recordemos: «sufriendo como sufro del lenguaje directo del león», en «Epístola a los transeúntes»), en un vómito de espuma, en la irrisoria representación de las cebollas para quien quisiera coronarse de laureles. Pero el núcleo temático del poema pone en evidencia la raíz del conflicto entre el querer decir y

---

[1] *No hay toz* (sic): probablemente una falta de mecanografía por «tos», o quizá por «voz», lo que nos parece más improbable, pues gracias a la gentileza de Georgette Vallejo, hemos tenido ocasión de examinar la máquina de escribir de Vallejo, y hemos podido comprobar que la «S» se encuentra encima de la «Z», mientras que la «V» está separada de la «T» por una hilera de teclas.

el no poder decir: la intuición es una y sin partes; en el discurso, las palabras destinadas a expresarla se suman las unas a las otras, indefinidamente, como se sumaban los unos a los otros los números de *Trilce,* como se adicionan los unos a los otros los instantes del tiempo: «no hay cifra hablada que no sea suma». Pero, subyacente a las cadenas de palabras, de versos y poemas, permanece la intuición unitaria e impone a la dispersión de las palabras una estructura que las orienta hacia su centro: «no hay pirámide escrita, sin cogollo». La adecuación entre la intuición y las palabras es una conquista pareial, siempre imperfecta, y que supone una tensión prolongada de poema en poema. Al tratar de desarrollar la intuición en palabras, el poeta se esfuerza por romper los tabiques que se interponen entre la vivencia y el discurso: no pudiendo escribir el poema en una sola palabra que condensara todas las palabras, el poeta busca la máxima intensidad de expresión fundiendo fragmentos de palabras en sorprendentes neologismos («pues mi triste tristumbre / se compone de cólera y tristeza»), aglomerando los conceptos en cadenas enumerativas, repitiéndolos con insistencia, o bien dejándolos simplemente oponerse o yuxtaponerse sin más amalgama que la que proporciona la intuición subyacente:

La paz, la abispa, el taco, las vertientes,
el muerto, los decílitros, el buho,
los lugares, la tiña, los sarcófagos, el vaso, las morenas,

el desconocimiento, la olla, el monaguillo,
las gotas, el olvido,
la potestad, los primos, los arcángeles, la aguja,
los párrocos, el ébano, el desaire,
la parte, el tipo, el estupor, el alma...

Dúctil, azafranado, externo, nítido,
portátil, viejo, trece, ensangrentado,
fotografiadas, listas, tumefactas,
conexas, largas, encintadas, pérfidas...

... ...

Retahílas de palabras aparentemente inconexas, pero que constituyen un poema por el sentido unitario que les confiere la obsesión dominante de la muerte, a la que casi todas estas palabras aluden. Y así, incluso si en algún poema el poeta verdaderamente se atolla, el esfuerzo por derribar la resistencia del lenguaje prosigue y se afirma, en la larga meditación siempre recomenzada que son los *Poemas humanos.*

Esta meditación poética se eslabona en grandes temas u obsesiones que Vallejo viene rumiando desde la época de *Los heraldos negros,* pero ahondados, decantados, despojados de toda anécdota inesencial: el dolor, el tiempo, la muerte, el hambre. Sólo que en *Poemas humanos* todo esto se anuda de una manera cada vez más explícita, insistente y decisiva, en el ser concreto y precario del hombre, de los «hombres humanos» a los que se dirige ese poema del dolor universal que es «Los nueve monstruos»; de modo que, en el fondo, estos poemas de la última etapa, ahondan en un solo tema que es el del ser humano; no se habla aquí de la Muerte, el Dolor, el Tiempo, etc., sino de los hombres de carne, hueso y alma lidiando con su muerte, con su dolor, con su tiempo; ello da a la poesía última de Vallejo un sentido más y más concreto y existencial, directamente pegado a la experiencia vital, y al mismo tiempo una proyección más y más universal y trascendente. Del mundo llamado exterior como motivo estético descriptivo no se habla en estos poemas, pero el mundo como lugar original de la tragedia humana está presente en todos los versos. Pero justamente este centrar el tema poético exclusivamente en el hombre y su mundo abre ahora una perspectiva que no existía en la obra anterior y que es de importancia capital para comprender el sentido singular de *Poemas humanos* y *España, aparta de mí este cáliz:* es la esperanza en el hombre, la esperanza de que los hombres puedan hacer, al fin, un mundo feliz, de que sean «constructores (...) de la activa, hormigueante eternidad». Si el poeta comprueba que «el dolor crece en el mundo a cada rato», ve ahora también inseparablemente la urgencia de la tarea que a los hombres se impone: luchar contra el dolor y contra el mal: «¡Ah! desgraciadamente, hombres humanos, / hay, hermanos, muchísimo que hacer.» Del mayor sufrimiento se eleva la mayor esperanza, y es de señalar que en el poema «Voy a hablar de la esperanza» se habla exclusivamente del sufrimiento y del dolor. La esperanza que se afirma en *Poemas humanos* es, pues, una exigencia del espíritu, independientemente de toda consideración sobre lo realizable o irrealizable de la tarea que hay que realizar y que se impone como un deber vital. Como en *Trilce* el poeta pedía que los novios «sean novios en eternidad», exige ahora que a los estragos incomprensibles del dolor y la muerte, los hombres respondan luchando contra el dolor y la muerte: «Así responde el hombre, así, a la muerte.» Vemos, pues, que las puertas de la prisión de *Trilce* se abren y el poeta proyecta toda su sensibilidad hacia el mundo verdaderamente humano, que es de posibilidad, de abertura, de lejanías, hacia «el desastre cordial de la esperanza», como dice en un artículo de 1928, «la libre inmensidad de la vida».

La exigencia de responder al reto de la muerte y el infortunio traduce ante todo un amor exasperado a la vida y un deseo ilimitado de felicidad: «Me gustará vivir siempre, así fuese de barriga»; y aunque la vida es «implacablemente, imparcialmente horrible», al poeta «(le) gusta la vida enormemente», «pero desde luego —añade— con mi muerte querida y mi café». Más que la muerte de los hombres el objeto de la meditación de Vallejo es el anudarse inextricable de la vida y la muerte en el ser del hombre, que se amalgama en el tiempo que es como la sustancia de toda nuestra vida y la maduración de toda nuestra muerte. El hombre está hecho de tiempo, «lo único que hace es componerse de días» («Considerando...»), pero el tiempo, que es la trama misma de la vida, mata, y la muerte, «lacónico suceso» —dice el poeta en un poema de *España*— que en un momento dado nos arroja fuera del tiempo y nos quita la vida, está, sin embargo, en la vida, la nutre y se nutre a sí misma de sustancia humana. Cotidianamente *(Poemas humanos* es un inventario de la vida cotidiana), el hombre vive su muerte y vive de su muerte: «¡Haber nacido para vivir de nuestra muerte!» («Y si después de tantas palabras»). Así, pues, la muerte es el límite de la vida, algo que sucede en el tiempo y nos expulsa del tiempo, pero es también un proceso continuo de disolución, de ahuecamiento del ser existente que no *está* propiamente en el tiempo, sino que *es* el tiempo, germen de ausencia en lo presente, de vacío en la plenitud. Desde que un hombre nace está ya en el tiempo y en la muerte: como el de Quevedo, el hombre de Vallejo «(ha) quedado / presentes sucesiones de difuntos». Y el tiempo, a su vez, es visto ya como una línea prolongada hasta interrumpirse en el límite de la muerte, ya como el monótono retorno de los días que vuelven y hieren («azotado de fechas con espinas»), ya como el compañero cotidiano de la muerte («tal es la muerte con su audaz marido»). Todas estas visiones encontradas del hombre desgarrado en el tiempo, la vida y la muerte, coexisten oponiéndose en perpetuo conflicto, el poeta las pone al descubierto en su viva contradicción, nunca resuelta ni abolida, como en el poema «Yuntas»:

> Completamente. Además, ¡vida!
> Completamente. Además, ¡muerte!
>
> Completamente. Además, ¡todo!
> Completamente. Además, ¡nada!

No se da, pues, la unidad ni la abolición de los contrarios. Los términos contradictorios quedan irreductiblemente opuestos, y el «completamente» queda afuera, como, desde el principio de la obra, ha quedado siempre afuera de la expresión de la experiencia vivida, la unidad tenazmente proyectada o ensoñada:

> Todo esto
> agítase, ahora mismo,
> en mi vientre de macho extrañamente.
>
> («Al revés de las aves del monte»)

45

No en su mente: en sus entrañas. El desgarramiento del hombre en la existencia no es nunca considerado desde un punto de vista intelectual, sino en lo precario y oscuro de su vida física; Vallejo, al considerar al hombre, examina sus «encontradas piezas, su retrete» («Considerando...»), ausculta la vida cenestésica, los ritmos, los latidos oscuros del organismo, la tos y la fiebre, el hambre y la sed, y ve con angustia derrumbarse en la muerte, día tras día, toda esta precaria arquitectura de carne, sangre y hueso, y la ve disgregada, las «encontradas partes» desgajadas entre un bullir de gusanos; así en el dramático inventario de «Epístola a los transeúntes» que confronta el organismo vivo con el cadáver inminente:

Y, entre mí, digo:
ésta es mi inmensidad en bruto, a cántaros,
éste es mi grato peso, que me buscara abajo para pájaro,
éste es mi brazo
que por su cuenta rehusó ser ala,
éstas son mis sagradas escrituras,
éstos mis alarmados compañones.
... ...
Pero cuando yo muera
de vida y no de tiempo,
cuando lleguen a dos mis dos maletas,
éste ha de ser mi estómago en que cupo mi lámpara en pedazos,
ésta aquella cabeza que expió los tormentos del círculo en mis
[pasos,
éstos esos gusanos que el corazón contó por unidades,
éste ha de ser mi cuerpo solidario
por el que vela el alma individual; éste ha de ser
mi hombligo en que maté mis piojos natos,
ésta mi cosa cosa, mi cosa tremebunda.

Así, para expresar la vida, los poemas se pueblan de muertos y de muerte. El muerto puede no ser más que la presencia de un ausente que nos mira desde una abstracta eternidad, como en el poema al amigo muerto, Alfonso de Silva:

Alfonso, estás mirándome, lo veo,
desde el plano implacable donde moran
lineales los siempres, lineales los jamases.

Más allá de la muerte no hay más que las dos líneas puras del *siempre* y el *jamás,* una abstracción ideal del tiempo vivido. El poeta habla en el tiempo desde el umbral del tiempo ya abolido, y su palabra nace en el mundo donde el tiempo se explica y cobra forma en humildes actos cotidianos, comprar vino, leche, contar las monedas, hablar por teléfono..., pero su palabra va dirigida a la presencia de una ausencia, más allá de la frontera, ahí donde no sucede nada, donde ya no hay existencia *porque* ya no hay sufrimiento: «Yo todavía sufro, y tú, ya no, jamás, hermano...» Esta presencia inmaterial ya invulnerable al tiempo, en la que el tiempo, reducido a *nuncas* y *jamases,* se ha vaciado de su contenido existencial, es una pura ausencia, un hueco, y Vallejo sigue expresando este vacío a través del simbolismo de los objetos huecos —que vinculan sensiblemente el vacío de la muerte con las actividades de la vida—, la cuchara, que reaparece aún como evidente símbolo de muerte en un poema de *España, aparta de mí este cáliz,* o el zapato:

> dicen que cuando mueren así los que se acaban,
> ¡ay! mueren fuera del reloj, la mano
> agarrada a un zapato solitario.

> («Esto...»)

Pero, sobre todo en los poemas de *España...,* la muerte se representa más directamente en el cadáver, un ser que no es, y parece prolongar en la muerte las formas precarias de la vida. Umbral ambiguo entre la presencia de la vida y la ausencia de la muerte, el cadáver, con su forma de hombre todavía intacta, es un casi ser que expresa o refleja el incomprensible proceso de la existencia, como el individuo vivo prefigura el cadáver y el derrumbe incomprensible en el no ser. Los cuerpos muertos de Vallejo ven, casi viven en secreto, se entristecen, se emocionan, como si por un trecho el caudal de la vida penetrara como un río en las aguas de la muerte:

Miré al cadáver, su raudo orden visible
y el desorden lentísimo de su alma;
le vi sobrevivir; hubo en su boca
la edad entrecortada de dos bocas.
… … … … … … … … … … … … … …
Y su orden digestivo sosteníase
y el desorden de su alma, atrás, en balde.
Le dejaron y oyeron, y es entonces
que el cadáver
casi vivió en secreto, en un instante;
… … … … … … … … … … … … … …

Simbolizada en los cadáveres, la muerte cobra las apa-
riencias de un misterioso ser: «un ser sido a la fuerza»,
pero que de pronto no es sino «lacónico suceso». «No
tengo para expresar mi vida sino mi muerte», dice el Va-
llejo de *Poemas humanos:* la muerte, expresión de la
vida. Pero en *Trilce* decía: «... estáis muertos. (...) Os
digo, pues, que la vida está en el espejo, y que vosotros
sois el original, la muerte» (LXXV): la vida, imagen y
reflejo de la muerte. ¿Cuál de las dos está en el espejo?
¿Y dónde está el espejo? El cadáver, con su ser ambiguo,
encarna la visión incierta de un más allá de la experiencia
donde la muerte y la vida se reflejan, se expresan mutua-
mente. En el cuerpo muerto, la muerte nos refleja la ima-
gen de la vida, como en el sexo de la mujer o en la cu-
chara de «La cena miserable» la vida nos ofrecía la ima-
gen de la muerte. Es un universo de signos y miradas
que crean perpetuamente su propio objeto, pero en cuanto
este objeto es enfocado, se transforma en otra cosa que
refiere, empero, siempre a la misma cosa: en cuanto se
nombra la muerte aparece la vida que, apenas presente,
nos refleja la muerte. En este juego de espejos la palabra
poética se tensa hasta el máximo para decir lo indecible:
la muerte, la vida, su imposible y necesaria unidad. Y todo
se hunde en esa fúnebre atmósfera, tan peculiar de los
Poemas humanos, de desconsuelo, de agonía, de luto y
desolación: el individuo humano agonizando entre los lí-
mites, azotado de fechas con espinas, arrugado y arrin-

conado por la sensación, haciendo el cómputo del tiempo que lo empuja al ataúd y a una negra eternidad:

> ya que, a veces, asumo con éxito mi inmensidad llorada,
> ya que, a veces, me ahogo en la voz de mi vecino
> y padezco
> contando en maíces los años,
> cepillando mi ropa al son de un muerto
> o sentado borracho en mi ataúd...
>
> («Y no me digan nada»)

Es una de las dos grandes vertientes de los poemas póstumos.

La otra está, como ya lo hemos apuntado, bajo el signo de la esperanza y su cimiento más profundo es la representación de la unidad, objeto trascendente de toda la trayectoria poética de Vallejo, indisolublemente ligado con la exigencia de felicidad eterna y de abolición del mal (hambre, orfandad, límites, finitud: muerte); pero la unidad se representa ahora no ya como fusión de todos los contrarios en la noche vaga de la muerte, sino como unidad colectiva, como abolición o reconciliación de todas las contradicciones que desgarran al individuo agónico, en el hombre masa que Vallejo parece representarse como modelo de los hombres del porvenir. Y toda una parte de la poesía última de Vallejo recupera así un contenido explícitamente social y, en el sentido más amplio de la palabra, político. Las luchas sociales de su tiempo y el proyecto socialista de una colectividad humana que reconcilie individuo y sociedad dan al poeta el punto de apoyo para afirmar su esperanza en el hombre, y cristalizar el anhelo que expresaban los versos de *Los heraldos negros*: «Y cuándo nos veremos con los demás, al borde / de una mañana eterna, desayunados todos.» Vallejo integra entonces temáticamente a su poesía la actualidad social y el acontecimiento histórico: la realidad ya no es considerada sólo como la agonía del individuo huérfano y desamparado, sino también desde el punto de vista de las luchas colectivas en las que se juegan la vida y el destino de los pueblos:

49

Pues de lo que hablo no es
sino de lo que pasa en esta época, y
de lo que ocurre en China y en España, y en el mundo.

(«Al revés de las aves del monte»)

En *Poemas humanos,* los poemas de inspiración explícitamente social son pocos, pero importantes y significativos (aunque preocupaciones sociales y políticas subyacen
seguramente en muchos otros), y emergen con su carga
de esperanza humana y de afirmación de la justicia, en la
atmósfera fúnebre y desolada que predomina en el libro [1]:

[1] No se puede decir, en efecto, que la orientación revolucionaria y social en los últimos poemas constituya radicalmente una nueva etapa que «supera» o deja atrás las obsesiones propiamente
metafísicas de Vallejo; esta orientación existía ya de manera embrionaria, e impregnada de sentimientos cristianos, en *Los heraldos negros,* se eclipsa en *Trilce,* y reaparece vigorosamente y con
contornos bien definidos, sobre todo en *España, aparta de mí este
cáliz;* pero los dos aspectos, el metafísico y el social, coexisten y
a menudo incluso se funden en los grandes temas del desamparo
humano, el hambre, o la deuda. Es preciso, pues, no confundir
totalmente la militancia política práctica del ciudadano César Vallejo, y la meditación existencial del poeta tal como se desarrolla
en los poemas; la primera exige naturalmente la adopción de una
ideología; la segunda trasciende toda ideología y todo credo político establecido. El mismo Vallejo lo había dejado sentado en un
artículo de fines de 1927: «La sensibilidad política del artista se
produce, de preferencia, y en su máxima autenticidad, creando inquietudes y nebulosas políticas, más vastas que cualquier catecismo
o colección de ideas expresas y, por lo mismo, limitadas, de un
momento político cualquiera (...) Las teorías, en general, embarazan e incomodan la creación.» Es lo que confirma, de manera más
íntima, una carta del poeta a Larrea, del 29 de enero de 1932:
«Sin embargo, pienso que la política no ha matado totalmente lo
que era yo antes. He cambiado, seguramente, pero soy quizá el
mismo. Comparto mi vida entre la inquietud política y social y
mi inquietud introspectiva y personal y mía para adentro.» Finalmente —y para no apartarnos del ámbito de la poesía—, Vallejo
dice un adiós definitivo a todas las ideologías, religiosas, filosóficas
y políticas, incluyendo la del bolchevismo (que, sin embargo, en
su práctica política él había adoptado), en un poema fechado en
octubre de 1937:

¡Adiós, hermanos san pedros,
heráclitos, erasmos, espinozas!
¡Adiós, tristes obispos bolcheviques!

(«Despedida recordando un adiós»)

Lo que no quiere decir en absoluto que dijera adiós a la revolución y a la esperanza de transformar el mundo.

«Salutación angélica», «Gleba», «Los mineros salieron de la mina» y, sobre todo, «Parado en una piedra», donde vemos erguirse el espectro alucinante de «aquel / que en la labor sudaba para afuera, / que suda hoy para adentro su secreción de sangre rehusada!». La idea de que «el hombre procede suavemente del trabajo» («Considerando...»), ya sugerida en «Los mineros salieron de la mina», es seguramente el aspecto más propiamente marxista del pensamiento de Vallejo: alienando el trabajo del hombre, la sociedad enajena al hombre mismo, y ante la aberración de un hombre que ha perdido el derecho al trabajo, todo se para y se paraliza, y el sentimiento predominante es el mismo que se difunde por toda la obra de Vallejo desde los primeros poemas de *Los heraldos negros,* el estupor: «y hasta la tierra misma parada de estupor ante este paro».

El parado vuelve a encarnar la relación entre el hombre desamparado y el mundo hostil, intuición que, en su generalidad, es antigua en Vallejo. Sólo que ahora el mundo hostil aparece como una sociedad injusta, y una sociedad se puede transformar, sí, pero en la historia.

Lo esencial precisamente de la poesía de la esperanza inspirada en la gesta de un pueblo, no está en *Poemas humanos,* sino en *España, aparta de mí este cáliz,* y tiene por origen innegablemente un acontecimiento histórico: la guerra civil española. Juan Larrea tiene, pues, razón al subrayar la importancia crucial del año 1936 en la obra del poeta. La guerra de España fue ciertamente para Vallejo un catalizador que, a nivel de su poesía, tuvo por efecto decantar, universalizar y esencializar ciertos grandes temas recurrentes, como la nostalgia del hogar perdido, la fijación en el entorno humano y telúrico de la tierra natal y, por encima de todo, la madre tutelar, aspectos éstos que han sido brillantemente estudiados por el crítico italiano Roberto Paoli. Todo lo que era añoranza de un pasado feliz con su aureola mítica, se vuelca ahora en esperanza de un porvenir feliz, igualmente mítico, y la madre individual de *Trilce* es ahora madre colectiva del hombre masa en un hogar universal que ya no es fijación en el pasado, sino proyecto de construcción en el porvenir. Se podrían invertir los términos de un verso de Vallejo: «A lo mejor, recuerdo al esperar», lo que nos daría un esquema bastante cabal de la conversión de perspectivas que se produce en *España, aparta de mí este cáliz:* «A lo mejor, espero al recordar.» Lo que Vallejo espera, y lo que en cierto modo «recuerda», es, hoy como ayer, el Absoluto, la Unidad, la Eternidad, el Bien al fin y para siempre triunfante. Es obvio, pues, que aunque centrada en la historia, esta exigencia no puede realizarse en la historia, pues lo que Vallejo anhela es lisa y llanamente la abolición del tiempo, del dolor y de la muerte, y la historia (si no queremos hacer trampas con los vocablos) no es más que una categoría del tiempo, lugar de los límites siempre vencidos y siempre renacientes, llena de dolor y de muerte. Y es el mismo Vallejo quien, en su último libro, contrapone marcadamente la construcción de «la activa, hormigueante eternidad» («Himno a los voluntarios de la República»), «la unidad, sencilla, justa, colectiva, eterna» («Batallas»), al «éxodo, bajo el mal, (...) bajo la historia cóncava, indecible». La unidad y la eternidad colectivas y absolutas, se construyen desde las raíces de la historia y en el devenir histórico se apoyan, en una tarea infinita y siempre recomenzada, pero en la poesía de Vallejo su realización se proyecta y desemboca en el mito.

El mito en el que culmina la obra poética de Vallejo es la fundación de la ciudad feliz, donde todo será de oro súbito, vendrá en siete bandejas la abundancia, se amarán todos los hombres, hablarán los mudos, los tullidos andarán, volverán los niños abortados a nacer perfectos, espaciales y trabajarán todos los hombres, engendrarán todos los hombres, comprenderán todos los hombres: sólo la muerte morirá («Himno a los voluntarios de la República»). La ciudad socialista del porvenir se confunde, pues, con un sueño de felicidad absoluta para el hombre, y lo que da asidero a la creencia en este país de utopía, es el sacrificio del pueblo español, el sacrificio de la madre España, madre colectiva de todos los niños del mundo, liberadora, como la madre de *Trilce,* pero liberadora, esta vez, de la humanidad entera. Vallejo enfoca la guerra civil española indudablemente como un hecho histórico, pero que es mucho más que un simple episodio de la historia, pues ve jugarse en ella el porvenir y la salvación de la humanidad. Es un punto culminante de lo que el poeta llama en un artículo de 1928 «la lucha entre el bien y el mal»: «Marcha hoy de vuestra parte el bien ardiendo», dice Vallejo a los voluntarios de la República; si muere la España revolucionaria, madre tutelar de todos los desvalidos del mundo, todo crecimiento hacia el bien quedará atrofiado, todos los niños del mundo quedarán huérfanos, y tendrán que reiniciar a partir de cero la interminable busca de la madre muerta:

> Si cae —digo, es un decir— si cae
> España, de la tierra para abajo,
> niños, ¡cómo vais a cesar de crecer!
> … … … … … … … … … … … … … …
> …………………… si la madre
> España cae —digo, es un decir—
> salid, niños del mundo; id a buscarla!...

(España, aparta de mí este cáliz)

La expresión «madre patria» cobra así un sentido que en los últimos poemas de Vallejo trasciende la relación de filiación España/América, pero que, sin embargo, poética y afectivamente arraiga en ella. Si España simboliza ahora la madre tutelar de un hogar universal, esta representación se desarrolla, estimulada por la guerra de 1936, a partir de una previa idealización de la tierra natal y del campesino indio visto como arquetipo humano en el poema «Telúrica y magnética». Vallejo, en efecto, se sentía a disgusto en medio de la sociedad artificial y deshumanizada que lo rodeaba en París. Lo cual explica que se acentúe hasta hacerse obsesiva la añoranza del hogar materno en medio de una sociedad campesina, comunitaria, arcaica, ligada a las fuerzas elementales y donde florece el tipo de hombre que Vallejo exaltaba ya en el poema «Gleba». Y es seguro que el exilio en París actúa a modo de un revelador que hace surgir, agigantadas en la distancia, unas imágenes que transfieren la nostalgia personal y singular del terruño, a una nostalgia, no menos personal, pero universal y colectiva, de la patria futura y libre de los hombres. El *ahora, aquí* de la sociedad urbana y mercantilista de Europa, suscitan el anhelo de un *en otro tiempo, allá;* el núcleo de esta aspiración hay que buscarlo en el hogar de la niñez en la sierra peruana, y en la vida patriarcal del labriego andino; pero estas representaciones, universalizadas y esencializadas, se hacen arquetipos de una vida ideal posible para el hombre y que puede encarnar en cualquier pueblo o modo de vida que el poeta sueña como opuestos al *hic et nunc* de su confinamiento en la urbe francesa, por ejemplo, España o Rusia, pero sobre todo España, a la que se siente atado por fuertes lazos de sangre y de cultura. Así, mucho antes de que estallara la guerra civil, en un artículo publicado por la revista *Mundial,* de Lima, en 1926, Vallejo escribe:

Desde la costa cantábrica, donde escribo estas palabras, vislumbro los horizontes españoles, poseído de no sé qué emoción inédita y entrañable. Voy a mi tierra, sin duda. Vuelvo a mi América Hispana, reencarnada, por el amor del verbo que salva las distancias, en el suelo castellano (…). Esta noche, al reanudar mi viaje a Madrid, siento no sé qué emoción inédita y entrañable; me han dicho que sólo España y Rusia conservan su pureza primitiva, la pureza de gesta de América.

España, como el Perú de «Telúrica y magnética», es ya «España del mundo» o modelo para el mundo, está «al pie del orbe», y el poeta «se adhiere». De ahí a erigirla en madre del hombre nuevo en la nueva patria comunitaria, hay sólo un paso que será determinado por la gesta heroica de la guerra civil. Así la poesía existencial de Vallejo desemboca en la visión de unas esencias universales que se animan en grandes mitos: el Indio, la Madre, la Ciudad socialista del hombre plenamente realizado como colectividad. El *topos* se proyecta en utopía:

Y cuándo nos veremos con los demás, al borde
de una mañana eterna, desayunados todos.

Como ayer en el hogar, con la madre y los hermanos.
Como mañana, después de la revolución o del apocalipsis,
en el nuevo hogar protegido por la nueva madre. Entre
ese ayer y ese mañana son los tiempos de penuria: el
tiempo...

AMÉRICO FERRARI

ADVERTENCIA

El texto *de la obra poética póstuma de César Vallejo se ha establecido teniendo a la vista los originales dejados por el autor. Las variaciones ortográficas que en ellos aparecen han sido siempre respetadas, salvo en los casos de errores mecanográficos evidentes.*

En lo que se refiere a las obras publicadas en vida del poeta, se ha consultado las ediciones que él manejó. Así, Trilce *se reproduce con estricto respeto a la ortografía que en los poemas que conforman ese libro quiso emplear el autor.*

En todos los casos, la acentuación se ha ajustado a las normas actuales, excepto allí donde Vallejo, con clara intención, transgredió las vigentes en su tiempo.

LOS HERALDOS NEGROS
(1918)

qui pótest cápere capiat
EL EVANGELIO

Los heraldos negros

Hay golpes en la vida, tan fuertes... Yo no sé!
Golpes como del odio de Dios; como si ante ellos,
la resaca de todo lo sufrido
se empozara en el alma... Yo no sé!

Son pocos; pero son... Abren zanjas oscuras
en el rostro más fiero y en el lomo más fuerte.
Serán talvez los potros de bárbaros atilas;
o los heraldos negros que nos manda la Muerte.

Son las caídas hondas de los Cristos del alma,
de alguna fe adorable que el Destino blasfema.
Esos golpes sangrientos son las crepitaciones
de algún pan que en la puerta del horno se nos quema.

Y el hombre... Pobre... pobre! Vuelve los ojos, como
cuando por sobre el hombro nos llama una palmada;
vuelve los ojos locos, y todo lo vivido
se empoza, como charco de culpa, en la mirada.

Hay golpes en la vida, tan fuertes... Yo no sé!

Plafones ágiles

Deshojación sagrada

Luna! Corona de una testa inmensa,
que te vas deshojando en sombras gualdas!
Roja corona de un Jesús que piensa
trágicamente dulce de esmeraldas!

Luna! Alocado corazón celeste
¿por qué bogas así, dentro la copa
llena de vino azul, hacia el oeste,
cual derrotada y dolorida popa?

Luna! Y a fuerza de volar en vano,
te holocaustas en ópalos dispersos:
tú eres talvez mi corazón gitano
que vaga en el azul llorando versos!...

Comunión

Linda Regia! Tus venas son fermentos
de mi noser antiguo y del champaña
negro de mi vivir!

61

Tu cabello es la ignota raicilla
del árbol de mi vid.
Tu cabello es la hilacha de una mitra
de ensueño que perdí!

Tu cuerpo es la espumante escaramuza
de un rosado Jordán;
y ondea, como un látigo beatífico
que humillara a la víbora del mal!

Tus brazos dan la sed de lo infinito,
con sus castas hespérides de luz,
cual dos blancos caminos redentores
dos arranques murientes de una cruz.
Y están plasmados en la sangre invicta
de mi imposible azul!

Tus pies son dos heráldicas alondras
que eternamente llegan de mi ayer!
Linda Regia! Tus pies son las dos lágrimas
que al bajar del Espíritu ahogué,
un Domingo de Ramos que entré al Mundo,
ya lejos para siempre de Belén!

Nervazón de angustia

Dulce hebrea, desclava mi tránsito de arcilla;
desclava mi tensión nerviosa y mi dolor...
Desclava, amada eterna, mi largo afán y los
dos clavos de mis alas y el clavo de mi amor!

Regreso del desierto donde he caído mucho;
retira la cicuta y obséquiame tus vinos:
espanta con un llanto de amor a mis sicarios,
cuyos gestos son férreas cegueras de Longinos!

Desclávame mis clavos ¡oh nueva madre mía!
¡Sinfonía de olivos, escancia tu llorar!
Y has de esperar, sentada junto a mi carne muerta,
cuál cede la amenaza, y la alondra se va!

Pasas... vuelves... Tus lutos trenzan mi gran cilicio
con gotas de curare, filos de humanidad,
la dignidad roquera que hay en tu castidad,
y el judithesco azogue de tu miel interior.

Son las ocho de una mañana en crema brujo...
Hay frío... Un perro pasa royendo el hueso de otro
perro que fue... Y empieza a llorar en mis nervios
un fósforo que en cápsulas de silencio apagué!

Y en mi alma hereje canta su dulce fiesta asiática
un dionisíaco hastío de café...!

Bordas de hielo

Vengo a verte pasar todos los días,
vaporcito encantado siempre lejos...
Tus ojos son dos rubios capitanes;
tu labio es un brevísimo pañuelo
rojo que ondea en un adiós de sangre!

Vengo a verte pasar; hasta que un día,
embriagada de tiempo y de crueldad,
vaporcito encantado siempre lejos,
la estrella de la tarde partirá!

Las jarcias; vientos que traicionan; vientos
de mujer que pasó!
Tus fríos capitanes darán orden;
y quien habrá partido seré yo...

Nochebuena

Al callar la orquesta, pasean veladas
sombras femeninas bajo los ramajes,
por cuya hojarasca se filtran heladas
quimeras de luna, pálidos celajes.

Hay labios que lloran arias olvidadas,
grandes lirios fingen los ebúrneos trajes.
Charlas y sonrisas en locas bandadas
perfuman de seda los rudos boscajes.

Espero que ría la luz de tu vuelta;
y en la epifanía de tu forma esbelta,
cantará la fiesta en oro mayor.

Balarán mis versos en tu predio entonces,
canturreando en todos sus místicos bronces
que ha nacido el niño-jesús de tu amor.

Ascuas

Para Domingo Parra del Riego.

Luciré para Tilia, en la tragedia
mis estrofas en óptimos racimos;
sangrará cada fruta melodiosa,
como un sol funeral, lúgubres vinos.
            Tilia tendrá la cruz
que en la hora final será de luz!

Prenderé para Tilia, en la tragedia,
la gota de fragor que hay en mis labios;
y el labio, al encresparse para el beso,
se partirá en cien pétalos sagrados.
            Tilia tendrá el puñal,
el puñal floricida y auroral!

64

Ya en la sombra, heroína, intacta y mártir,
tendrás bajo tus plantas a la Vida;
mientras veles, rezando mis estrofas,
mi testa, como una hostia en sangre tinta!
         Y en un lirio, voraz,
mi sangre, como un virus, beberás!

Medialuz

He soñado una fuga. Y he soñado
tus encajes dispersos en la alcoba.
A lo largo de un muelle, alguna madre;
y sus quince años dando el seno a una hora.

He soñado una fuga. Un «para siempre»
suspirando en la escala de una proa;
he soñado una madre;
unas frescas matitas de verdura,
y el ajuar constelado de una aurora.

A lo largo de un muelle...
Y a lo largo de un cuello que se ahoga!

Sauce

Lirismo de invierno, rumor de crespones,
cuando ya se acerca la pronta partida;
agoreras voces de tristes canciones
que en la tarde rezan una despedida.

Visión del entierro de mil ilusiones
en la propia tumba de mortal herida.
Caridad verónica de ignotas regiones,
donde a precio de éter se pierda la vida.

Cerca de la aurora partiré llorando;
y mientras mis años se vayan curvando,
curvará guadañas mi ruta veloz.

Y ante fríos óleos de luna muriente,
con timbres de aceros en tierra indolente,
cavarán los perros, aullando, un adiós!

Ausente

Ausente! La mañana en que me vaya
más lejos de lo lejos, al Misterio,
como siguiendo inevitable raya,
tus pies resbalarán al cementerio.

Ausente! La mañana en que a la playa
del mar de sombra y del callado imperio,
como un pájaro lúgubre me vaya,
será el blanco panteón tu cautiverio.

Se habrá hecho de noche en tus miradas;
y sufrirás, y tomarás entonces
penitentes blancuras laceradas.

Ausente! Y en tus propios sufrimientos
ha de cruzar entre un llorar de bronces
una jauría de remordimientos!

Avestruz

Melancolía, saca tu dulce pico ya;
no cebes tus ayunos en mis trigos de luz.
Melancolía, basta! Cuál beben tus puñales
la sangre que extrajera mi sanguijuela azul!

66

No acabes el maná de mujer que ha bajado;
yo quiero que de él nazca mañana alguna cruz,
mañana que no tenga yo a quién volver los ojos,
cuando abra su gran O de burla el ataúd.

Mi corazón es tiesto regado de amargura;
hay otros viejos pájaros que pastan dentro de él...
Melancolía, deja de secarme la vida,
y desnuda tu labio de mujer...!

Bajo los álamos

Para José Garrido.

Cual hieráticos bardos prisioneros,
los álamos de sangre se han dormido.
Rumian arias de yerba al sol caído,
las greyes de Belén en los oteros.

El anciano pastor, a los postreros
martirios de la luz, estremecido,
en sus pascuales ojos ha cogido
una casta manada de luceros.

Labrado en orfandad baja el instante
con rumores de entierro, al campo orante
y se otoñan de sombra las esquilas.

Supervive el azul urdido en hierro,
y en él, amortajadas las pupilas,
traza su aullido pastoral un perro.

Buzos

La araña

Es una araña enorme que ya no anda;
una araña incolora, cuyo cuerpo,
una cabeza y un abdomen, sangra.

Hoy la he visto de cerca. Y con qué esfuerzo
hacia todos los flancos
sus pies innumerables alargaba.
Y he pensado en sus ojos invisibles,
los pilotos fatales de la araña.

Es una araña que temblaba fija
en un filo de piedra;
el abdomen a un lado,
y al otro la cabeza.

Con tantos pies la pobre, y aún no puede
resolverse. Y, al verla
atónita en tal trance,
hoy me ha dado qué pena esa viajera.

Es una araña enorme, a quien impide
el abdomen seguir a la cabeza.
Y he pensado en sus ojos
y en sus pies numerosos...
¡Y me ha dado qué pena esa viajera!

69

Babel

Dulce hogar sin estilo, fabricado
de un solo golpe y de una sola pieza
de cera tornasol. Y en el hogar
ella daña y arregla; a veces dice:
«El hospicio es bonito; aquí no más!»
¡Y otras veces se pone a llorar!

Romería

Pasamos juntos. El sueño
lame nuestros pies qué dulce;
y todo se desplaza en pálidas
renunciaciones sin dulce.

Pasamos juntos. Las muertas
almas, las que, cual nosotros,
cruzaron por el amor,
con enfermos pasos ópalos,
salen en sus lutos rígidos
y se ondulan en nosotros.

Amada, vamos al borde
frágil de un montón de tierra.
Va en aceite ungida el ala,
y en pureza. Pero un golpe,
al caer yo no sé dónde,
afila de cada lágrima
un diente hostil.

Y un soldado, un gran soldado,
heridas por charrateras,
se anima en la tarde heroica,
y a sus pies muestra entre risas,
como una guadrapa horrenda,
el cerebro de la Vida.

Pasamos juntos, muy juntos,
invicta Luz, paso enfermo;
pasamos juntos las lilas
mostazas de un cementerio.

El palco estrecho

Más acá, más acá. Yo estoy muy bien.
Llueve; y hace una cruel limitación.
Avanza, avanza el pie.

Hasta qué hora no suben las cortinas
esas manos que fingen un zarzal?
Ves? Los otros, qué cómodos, qué efigies.
Más acá, más acá!

Llueve. Y hoy tarde pasará otra nave
cargada de crespón;
será como un pezón negro y deforme
arrancado a la esfíngica Ilusión.

Más acá, más acá. Tú estás al borde
y la nave arrastrarte puede al mar.
Ah, cortinas inmóviles, simbólicas...
Mi aplauso es un festín de rosas negras:
cederte mi lugar!
Y en el fragor de mi renuncia,
un hilo de infinito sangrará.

Yo no debo estar tan bien;
avanza, avanza el pie!

De la tierra

¿.........

—Si te amara... qué sería?
—Una orgía!
—Y si él te amara?
Sería
todo rituario, pero menos dulce.

Y si tú me quisieras?
La sombra sufriría
justos fracasos en tus niñas monjas.

Culebrean latigazos,
cuando el can ama a su dueño?
—No; pero la luz es nuestra.
Estás enfermo... Vete... Tengo sueño!

(Bajo la alameda vesperal
se quiebra un fragor de rosa.)
—Idos, pupilas, pronto...
Ya retoña la selva en mi cristal!

73

El poeta a su amada

Amada, en esta noche tú te has crucificado
sobre los dos maderos curvados de mi beso;
y tu pena me ha dicho que Jesús ha llorado,
y que hay un viernesanto más dulce que ese beso.

En esta noche rara que tanto me has mirado,
la Muerte ha estado alegre y ha cantado en su hueso.
En esta noche de setiembre se ha oficiado
mi segunda caída y el más humano beso.

Amada, moriremos los dos juntos, muy juntos;
se irá secando a pausas nuestra excelsa amargura;
y habrán tocado a sombra nuestros labios difuntos.

Y ya no habrán reproches en tus ojos benditos;
ni volveré a ofenderte. Y en una sepultura
los dos nos dormiremos, como dos hermanitos.

Verano

Verano, ya me voy. Y me dan pena
las manitas sumisas de tus tardes.
Llegas devotamente; llegas viejo;
y ya no encontrarás en mi alma a nadie.

Verano! Y pasarás, por mis balcones
con gran rosario de amatistas y oros,
como un obispo triste que llegara
de lejos a buscar y bendecir
los rotos aros de unos muertos novios.

Verano, ya me voy. Allá, en setiembre
tengo una rosa que te encargo mucho;
la regarás de agua bendita todos
los días de pecado y de sepulcro.

74

Si a fuerza de llorar el mausoleo,
con luz de fe su mármol aletea,
levanta en alto tu responso, y pide
a Dios que siga para siempre muerta.
Todo ha de ser ya tarde;
y tú no encontrarás en mi alma a nadie.

Ya no llores, Verano! En aquel surco
muere una rosa que renace mucho...

Setiembre

Aquella noche de setiembre, fuiste
tan buena para mí... hasta dolerme!
Yo no sé lo demás; y para eso,
no debiste ser buena, no debiste.

Aquella noche sollozaste al verme
hermético y tirano, enfermo y triste.
Yo no sé lo demás... y para eso,
yo no sé por qué fui triste... tan triste...!

Sólo esa noche de setiembre dulce,
tuve a tus ojos de Magdala, toda
la distancia de Dios... y te fui dulce!

Y también fue una tarde de setiembre
cuando sembré en tus brasas, desde un auto,
los charcos de esta noche de diciembre.

Heces

Esta tarde llueve, como nunca; y no
tengo ganas de vivir, corazón.

Esta tarde es dulce. Por qué no ha de ser?
Viste gracia y pena; viste de mujer.

75

Esta tarde en Lima llueve. Y yo recuerdo
las cavernas crueles de mi ingratitud;
mi bloque de hielo sobre su amapola,
más fuerte que su «No seas así!»

Mis violentas flores negras; y la bárbara
y enorme pedrada; y el trecho glacial.
Y pondrá el silencio de su dignidad
con óleos quemantes el punto final.

Por eso esta tarde, como nunca, voy
con este búho, con este corazón.

Y otras pasan; y viéndome tan triste,
toman un poquito de ti
en la abrupta arruga de mi hondo dolor.

Esta tarde llueve, llueve mucho. ¡Y no
tengo ganas de vivir, corazón!

Impía

Señor! Estabas tras los cristales
humano y triste de atardecer;
y cuál lloraba tus funerales
            esa mujer!

Sus ojos eran el jueves santo,
dos negros granos de amarga luz!
Con duras gotas de sangre y llanto
            clavó tu cruz!

Impía! Desde que tú partiste
Señor, no ha ido nunca al Jordán,
en rojas aguas su piel desviste,
y al vil judío le vende pan!

La copa negra

La noche es una copa de mal. Un silbo agudo
del guardia la atraviesa, cual vibrante alfiler.
Oye, tú, mujerzuela, ¿cómo, si ya te fuiste,
la onda aún es negra y me hace aún arder?

La Tierra tiene bordes de féretro en la sombra.
Oye, tú, mujerzuela, no vayas a volver.

Mi carne nada, nada
en la copa de sombra que me hace aún doler;
mi carne nada en ella,
como en un pantanoso corazón de mujer.

Ascua astral... He sentido
secos roces de arcilla
sobre mi loto diáfano caer.
Ah, mujer! Por ti existe
la carne hecha de instinto. Ah, mujer!

Por eso ¡oh, negro cáliz! aun cuando ya te fuiste,
me ahogo con el polvo,
y piafan en mis carnes más ganas de beber!

Deshora

Pureza amada, que mis ojos nunca
llegaron a gozar. Pureza absurda!

Yo sé que estabas en la carne un día,
cuando yo hilaba aún mi embrión de vida.

Pureza en falda neutra de colegio;
y leche azul dentro del trigo tierno

77

a la tarde de lluvia, cuando el alma
ha roto su puñal en retirada,

cuando ha cuajado en no sé qué probeta
sin contenido una insolente piedra,

cuando hay gente contenta; y cuando lloran
párpados ciegos en purpúreas bordas.

Oh, pureza que nunca ni un recado
me dejaste, al partir del triste barro

ni una migaja de tu voz; ni un nervio
de tu convite heroico de luceros.

Alejaos de mí, buenas maldades,
dulces bocas picantes...

Yo la recuerdo al veros ¡oh, mujeres!
Pues de la vida en la perenne tarde,
nació muy poco ¡pero mucho muere!

Fresco

Llegué a confundirme con ella,
tanto...! Por sus recodos
espirituales, yo me iba
jugando entre tiernos fresales,
entre sus griegas manos matinales.

Ella me acomodaba después los lazos negros
y bohemios de la corbata. Y yo
volvía a ver la piedra
absorta, desairados los bancos, y el reloj
que nos iba envolviendo en su carrete,
al dar su inacabable molinete.

Buenas noches aquellas,
que hoy la dan por reír
de mi extraño morir,
de mi modo de andar meditabundo.
Alfeñiques de oro,
joyas de azúcar
que al fin se quiebran en
el mortero de losa de este mundo.

Pero para las lágrimas de amor,
los luceros son lindos pañuelitos
lilas,
naranjos,
verdes,
que empapa el corazón.
Y si hay ya mucha hiel en esas sedas,
hay un cariño que no nace nunca,
que nunca muere,
vuela otro gran pañuelo apocalíptico,
la mano azul, inédita de Dios!

Yeso

Silencio. Aquí se ha hecho ya de noche,
ya tras del cementerio se fue el sol;
aquí se está llorando a mil pupilas:
no vuelvas; ya murió mi corazón.
Silencio. Aquí ya todo está vestido
de dolor riguroso; y arde apenas,
como un mal kerosone, esta pasión.

Primavera vendrá. Cantarás «Eva»
desde un minuto horizontal, desde un
hornillo en que arderán los nardos de Eros.
¡Forja allí tu perdón para el poeta,
que ha de dolerme aún,
como clavo que cierra un ataúd!

Mas... una noche de lirismo, tu
buen seno, tu mar rojo
se azotará con olas de quince años,
al ver lejos, aviado con recuerdos
mi corsario bajel, mi ingratitud.

Después, tu manzanar, tu labio dándose,
y que se aja por mí por la vez última,
y que muere sangriento de amar mucho,
como un croquis pagano de Jesús.

Amada! Y cantarás;
y ha de vibrar el femenino en mi alma,
como en una enlutada catedral.

Nostalgias imperiales

Nostalgias imperiales

I

En los paisajes de Mansiche labra
imperiales nostalgias el crepúsculo;
y lábrase la raza en mi palabra,
como estrella de sangre a flor de músculo.

El campanario dobla... No hay quien abra
la capilla... Diríase un opúsculo
bíblico que muriera en la palabra
de asiática emoción de este crepúsculo.

Un poyo con tres potos, es retablo
en que acaban de alzar labios en coro
la eucaristía de una chicha de oro.

Más allá, de los ranchos surge el viento
el humo oliendo a sueño y a establo,
como si se exhumara un firmamento.

II

La anciana pensativa, cual relieve
de un bloque pre-incaico, hila que hila;
en sus dedos de Mama el huso leve
la lana gris de su vejez trasquila.

Sus ojos de esclerótica de nieve
un ciego sol sin luz guarda y mutila...!
Su boca está en desdén, y en calma aleve
su cansancio imperial talvez vigila.

Hay ficus que meditan, melenudos
trovadores incaicos en derrota,
la rancia pena de esta cruz idiota,

en la hora en rubor que ya se escapa,
y que es lago que suelda espejos rudos
donde náufrago llora Manco-Cápac.

III

Como viejos curacas van los bueyes
camino de Trujillo, meditando...
Y al hierro de la tarde, fingen reyes
que por muertos dominios van llorando.

En el muro de pie, pienso en las leyes
que la dicha y la angustia van trocando:
ya en las viudas pupilas de los bueyes
se pudren sueños que no tienen cuándo.

La aldea, ante su paso, se reviste
de un rudo gris, en que un mugir de vaca
se aceite en sueño y emoción de huaca.

Y en el festín del cielo azul yodado
gime en el cáliz de la esquila triste
un viejo coraquenque desterrado.

IV

La Grama mustia, recogida, escueta
ahoga no sé qué protesta ignota:
parece el alma exhausta de un poeta,
arredrada en un gesto de derrota.

La Ramada ha tallado su silueta,
cadavérica jaula, sola y rota,
donde mi enfermo corazón se aquieta
en un tedio estatual de terracota.

Llega el canto sin sal del mar labrado
en su máscara bufa de canalla
que babea y da tumbos de ahorcado!

La niebla hila una venda al cerro lila
que en ensueños miliarios se enmuralla,
como un huaco gigante que vigila.

Hojas de ébano

Fulge mi cigarrillo;
su luz se limpia en pólvoras de alerta.
Y a su guiño amarillo
entona un pastorcillo
el tamarindo de su sombra muerta.

Ahoga en una enérgica negrura
el caserón entero
la mustia distinción de su blancura.
Pena un frágil aroma de aguacero.

83

Están todas las puertas muy ancianas,
y se hastía en su habano carcomido
una insomne piedad de mil ojeras.
Yo las dejé lozanas;
y hoy ya las telarañas han zurcido
hasta en el corazón de sus maderas,
coágulos de sombra oliendo a olvido.
La del camino, el día
que me miró llegar, trémula y triste,
mientras que sus dos brazos entreabría
chilló como en un llanto de alegría.
Que en toda fibra existe,
para el ojo que ama, una dormida
novia perla, una lágrima escondida.

Con no sé qué memoria secretea
mi corazón ansioso.
—¿Señora?... —Sí, señor; murió en la aldea;
aún la veo envueltita en su rebozo...

Y la abuela amargura
de un cantar neurasténico de paria
¡oh, derrotada musa legendaria!
afila sus melódicos raudales
bajo la noche oscura;
como si abajo, abajo,
en la turbia pupila de cascajo
de abierta sepultura,
celebrando perpetuos funerales,
se quebrasen fantásticos puñales.

Llueve... llueve... Sustancia el aguacero,
reduciéndolo a fúnebres olores,
el humor de los viejos alcanfores
que velan *tahuashando* en el sendero
con sus ponchos de hielo y sin sombrero.

Terceto autóctono

I

El puño labrador se aterciopela,
y en cruz en cada labio se aperfila.
Es fiesta! El ritmo del arado vuela;
y es un chantre de bronce cada esquila.

Afílase lo rudo. Habla escarcela...
En las venas indígenas rutila
un yaraví de sangre que se cuela
en nostalgias de sol por la pupila.

Las pallas, aquenando hondos suspiros,
como en raras estampas seculares,
enrosarian un símbolo en sus giros.

Luce el Apóstol en su trono, luego;
y es, entre inciensos, cirios y cantares,
el moderno dios-sol para el labriego.

II

Echa una cana al aire el indio triste.
Hacia el altar fulgente va el gentío.
El ojo del crepúsculo desiste
de ver quemado vivo el caserío.

La pastora de lana y llanque viste,
con pliegues de candor en su atavío;
y en su humildad de lana heroica y triste,
copo es su blanco corazón bravío.

Entre músicas, fuegos de bengala,
solfea un acordeón! Algún tendero
da su reclame al viento: «Nadie iguala!»

Las chispas al flotar lindas, graciosas,
son trigos de oro audaz que el chacarero
siembra en los cielos y en las nebulosas.

III

Madrugada. La chica al fin revienta
en sollozos, lujurias, pugilatos;
entre olores de úrea y de pimienta
traza un ebrio al andar mil garabatos.

«Mañana que me vaya...» se lamenta
un Romeo rural cantando a ratos.
Caldo madrugador hay ya de venta;
y brinca un ruido aperital de platos.

Van tres mujeres... silba un golfo... Lejos
el río anda borracho y canta y llora
prehistorias de agua, tiempos viejos.

Y al sonar una *caja* de Tayanga,
como iniciando un *huaino* azul, remanga
sus pantorrillas de azafrán la Aurora.

Oración del camino

Ni sé para quién es esta amargura!
Oh, Sol, llévala tú que estás muriendo,
y cuelga, como un Cristo ensangrentado,
mi bohemio dolor sobre su pecho.
    El valle es de oro amargo;
    y el viaje es triste, es largo.

Oyes? Regaña una guitarra. Calla!
Es tu raza, la pobre viejecita
que al saber que eres huésped y que te odian,
se hinca la faz con una roncha lila.

El valle es de oro amargo,
y el trago es largo... largo...

Azulea el camino; ladra el río...
Baja esa frente sudorosa y fría,
fiera y deforme. Cae el pomo roto
de una espada humanicida!

Y en el mómico valle de oro santo,
la brasa de sudor se apaga en llanto!

Queda un olor de tiempo abonado de versos,
para brotes de mármoles consagrados que hereden
la aurífera canción
de la alondra que se pudre en mi corazón!

Huaco

Yo soy el coraquenque ciego
que mira por la lente de una llaga,
y que atado está al Globo,
como a un huaco estupendo que girara.

Yo soy el llama, a quien tan sólo alcanza
la necedad hostil a trasquilar
volutas de clarín,
volutas de clarín brillantes de asco
y bronceadas de un viejo yaraví.

Soy el pichón de cóndor desplumado
por latino arcabuz;
y a flor de humanidad floto en los Andes
como un perenne Lázaro de luz.

Yo soy la gracia incaica que se roe
en áureos coricanchas bautizados
de fosfatos de error y de cicuta.
A veces en mis piedras se encabritan
los nervios rotos de un extinto puma.

Un fermento de Sol;
¡levadura de sombra y corazón!

Mayo

Vierte el humo doméstico en la aurora
. su sabor a rastrojo;
y canta, haciendo leña, la pastora
un salvaje aleluya!
                    Sepia y rojo.
Humo de la cocina, aperitivo
de gesta en este bravo amanecer.
El último lucero fugitivo
lo bebe, y, ebrio ya de su dulzor,
¡oh celeste zagal trasnochador!
se duerme entre un jirón de rosicler.

Hay ciertas ganas lindas de almorzar,
y beber del arroyo, y chivatear!
Aletear con el humo allá, en la altura;
o entregarse a los vientos otoñales
en pos de alguna Ruth sagrada, pura,
que nos brinde una espiga de ternura
bajo la hebraica unción de los trigales!

Hoz al hombro calmoso,
acre el gesto brioso,
va un joven labrador a Irichugo.
Y en cada brazo que parece yugo

se encrespa el férreo jugo palpitante
que en creador esfuerzo cuotidiano
chispea, como trágico diamante,
a través de los poros de la mano
que no ha bizantinado aún el guante.

Bajo un arco que forma verde aliso,
¡oh cruzada fecunda del andrajo!
pasa el perfil macizo
de este Aquiles incaico del trabajo.

La zagala que llora
su yaraví a la aurora,
recoge ¡oh Venus pobre!
frescos leños fragantes
en sus desnudos brazos arrogantes
esculpidos en cobre.
En tanto que un becerro,
perseguido del perro,
por la cuesta bravía
corre, ofrendando al floreciente día
un himno de Virgilio en su cencerro!

Delante de la choza
el indio abuelo fuma;
y el serrano crepúsculo de rosa,
el ara primitiva se sahúma
en el gas del tabaco.
Tal surge de la entraña fabulosa
de epopéyico huaco,
mítico aroma de broncíneos lotos,
el hilo azul de los alientos rotos!

Aldeana

Lejana vibración de esquilas mustias
en el aire derrama
la fragancia rural de sus angustias.
En el patio silente
sangra su despedida el sol poniente.
El ámbar otoñal del panorama
toma un frío matiz de gris doliente!

Al portón de la casa
que el tiempo con sus garras torna ojosa,
asoma silenciosa
y al establo cercano luego pasa,
la silueta calmosa
de un buey color de oro,
que añora con sus bíblicas pupilas,
oyendo la oración de las esquilas,
su edad viril de toro!

Al muro de la huerta,
aleteando la pena de su canto,
salta un gallo gentil, y, en triste alerta,
cual dos gotas de llanto,
tiemblan sus ojos en la tarde muerta!

Lánguido se desgarra
en la vetusta aldea
el dulce yaraví de una guitarra,
en cuya eternidad de hondo quebranto
la triste voz de un indio dondonea,
como un viejo esquilón de camposanto.

De codos yo en el muro,
cuando triunfa en el alma el tinte oscuro
y el viento reza en los ramajes yertos
llantos de quenas, tímidos, inciertos,
suspiro una congoja,
al ver que en la penumbra gualda y roja
llora un trágico azul de idilios muertos!

Idilio muerto

Qué estará haciendo esta hora mi andina y dulce Rita
de junco y capulí;
ahora que me asfixia Bizancio, y que dormita
la sangre, como flojo cognac, dentro de mí.

Dónde estarán sus manos que en actitud contrita
planchaban en las tardes blancuras por venir;
ahora, en esta lluvia que me quita
las ganas de vivir.

Qué será de su falda de franela; de sus
afanes; de su andar;
de su sabor a cañas de mayo del lugar.

Ha de estarse a la puerta mirando algún celaje,
y al fin dirá temblando: «Qué frío hay... Jesús!»
Y llorará en las tejas un pájaro salvaje.

Truenos

En las tiendas griegas

Y el Alma se asustó
a las cinco de aquella tarde azul desteñida.
El labio entre los linos la imploró
con pucheros de novio para su prometida.

El Pensamiento, el gran General se ciñó
de una lanza deicida.
El Corazón danzaba; mas, luego sollozó:
¿la bayadera esclava estaba herida?

Nada! Fueron los tigres que la dan por correr
a apostarse en aquel rincón, y tristes ver
los ocasos que llegan desde Atenas.

No habrá remedio para este hospital de nervios,
para el gran campamento irritado de este atardecer!
Y el General escruta volar siniestras penas
allá..
en el desfiladero de mis nervios!

Agape

Hoy no ha venido nadie a preguntar;
ni me han pedido en esta tarde nada.

No he visto ni una flor de cementerio
en tan alegre procesión de luces.
Perdóname, Señor: qué poco he muerto!

En esta tarde todos, todos pasan
sin preguntarme ni pedirme nada.

Y no sé qué se olvidan y se queda
mal en mis manos, como cosa ajena.

He salido a la puerta,
y me dan ganas de gritar a todos:
Si echan de menos algo, aquí se queda!

Porque en todas las tardes de esta vida,
yo no sé con qué puertas dan a un rostro,
y algo ajeno se toma el alma mía.

Hoy no ha venido nadie;
y hoy he muerto qué poco en esta tarde!

La voz del espejo

Así pasa la vida, como raro espejismo.
¡La rosa azul que alumbra y da el ser al cardo!
Junto al dogma del fardo
matador, el sofisma del Bien y la Razón!

Se ha cogido, al acaso, lo que rozó la mano;
los perfumes volaron, y entre ellos se ha sentido
el moho que a mitad de la ruta ha crecido
en el manzano seco de la muerta Ilusión.

Así pasa la vida,
con cánticos aleves de agostada bacante.
Yo voy todo azorado, adelante... adelante,
rezongando mi marcha funeral.

Van al pie de brahacmánicos elefantes reales,
y al sórdido abejeo de un hervor mercurial,
parejas que alzan brindis esculpidos en roca,
y olvidados crepúsculos una cruz en la boca.

Así pasa la vida, vasta orquesta de Esfinges
que arrojaron al Vacío su marcha funeral.

Rosa blanca

Me siento bien. Ahora
brilla un estoico hielo
en mí.
Me da risa esta soga
rubí
que rechina en mi cuerpo.

Soga sin fin,
como una
voluta
descendente
de
mal...
soga sanguínea y zurda
formada de
mil dagas en puntal.

Que vaya así, trenzando
sus rollos de crespón;
y que ate el gato trémulo
del Miedo al nido helado,
al último fogón.

Yo ahora estoy sereno,
con luz.
Y maya en mi Pacífico
un náufrago ataúd.

La de a mil

El suertero que grita «La de a mil»,
contiene no sé qué fondo de Dios.

Pasan todos los labios. El hastío
despunta en una arruga su yanó.
Pasa el suertero que atesora, acaso
nominal, como Dios,
entre panes tantálicos, humana
impotencia de amor.

Yo le miro al andrajo. Y él pudiera
darnos el corazón;
pero la suerte aquella que en sus manos
aporta, pregonando en alta voz,
como un pájaro cruel, irá a parar
adonde no lo sabe ni lo quiere
este bohemio dios.

Y digo en este viernes tibio que anda
a cuestas bajo el sol:
¡por qué se habrá vestido de suertero
la voluntad de Dios!

El pan nuestro

Se bebe el desayuno... Húmeda tierra
de cementerio huele a sangre amada.
Ciudad de invierno... La mordaz cruzada
de una carreta que arrastrar parece
una emoción de ayuno encadenada!

Se quisiera tocar todas las puertas,
y preguntar por no sé quién; y luego
ver a los pobres, y, llorando quedos,
dar pedacitos de pan fresco a todos.
Y saquear a los ricos sus viñedos
con las dos manos santas
que a un golpe de luz
volaron desclavadas de la Cruz!

Pestaña matinal, no os levantéis!
¡El pan nuestro de cada día dánoslo,
Señor…!

Todos mis huesos son ajenos;
yo talvez los robé!
Yo vine a darme lo que acaso estuvo
asignado para otro;
y pienso que, si no hubiera nacido,
otro pobre tomara este café!
Yo soy un mal ladrón… A dónde iré!

Y en esta hora fría, en que la tierra
trasciende a polvo humano y es tan triste,
quisiera yo tocar todas las puertas,
y suplicar a no sé quién, perdón,
y hacerle pedacitos de pan fresco
aquí, en el horno de mi corazón…!

Absoluta

Color de ropa antigua. Un julio a sombra,
y un agosto recién segado. Y una
mano de agua que injertó en el pino
resinoso de un tedio malas frutas.

Ahora que has anclado, oscura ropa,
tornas rociada de un suntuoso olor
a tiempo, a abreviación… Y he cantado
el proclive festín que se volcó.

97

Mas ¿no puedes, Señor, contra la muerte,
contra el límite, contra lo que acaba?
Ay! la llaga en color de ropa antigua,
cómo se entreabre y huele a miel quemada!

Oh unidad excelsa! Oh lo que es uno
por todos!
Amor contra el espacio y contra el tiempo!
Un latido único de corazón;
un solo ritmo: Dios!

Y al encogerse de hombros los linderos
en un bronco desdén irreductible,
hay un riego de sierpes
en la doncella plenitud del 1.
¡Una arruga, una sombra!

Capitulación

Anoche, unos abriles granas capitularon
ante mis mayos desarmados de juventud;
los marfiles histéricos de su beso me hallaron
muerto; y en un suspiro de amor los enjaulé.

Espiga extraña, dócil. Sus ojos me asediaron
una tarde amaranto que dije un canto a sus
cantos; y anoche, en medio de los brindis, me hablaron
las dos lenguas de sus senos abrasadas de sed.

Pobre trigueña aquella; pobres sus armas; pobres
sus velas cremas que iban al tope en las salobres
espumas de un marmuerto. Vencedora y vencida,

se quedó pensativa y ojerosa y granate.
Yo me partí de aurora. Y desde aquel combate,
de noche entran dos sierpes esclavas a mi vida.

Desnudo en barro

Como horribles batracios a la atmósfera,
suben visajes lúgubres al labio.
Por el Sahara azul de la Substancia
camina un verso gris, un dromedario.

Fosforece un mohín de sueños crueles.
Y el ciego que murió lleno de voces
de nieve. Y madrugar, poeta, nómada,
al crudísimo día de ser hombre.

Las Horas van febriles, y en los ángulos
abortan rubios siglos de ventura.
¡Quién tira tanto el hilo; quién descuelga
sin piedad nuestros nervios,
cordeles ya gastados, a la tumba!

Amor! Y tú también. Pedradas negras
se engendran en tu máscara y la rompen.
¡La tumba es todavía
un sexo de mujer que atrae al hombre!

Líneas

Cada cinta de fuego
que, en busca del Amor,
arrojo y vibra en rosas lamentables,
me da a luz el sepelio de una víspera.
Yo no sé si el redoble en que lo busco,
será jadear de roca,
o perenne nacer de corazón.

Hay tendida hacia el fondo de los seres,
un eje ultranervioso, honda plomada.
¡La hebra del destino!

99

Amor desviará tal ley de vida,
hacia la voz del Hombre;
y nos dará la libertad suprema
en transubstanciación azul, virtuosa,
contra lo ciego y lo fatal.

¡Que en cada cifra lata,
recluso en albas frágiles,
el Jesús aún mejor de otra gran Yema!

Y después... La otra línea...
Un Bautista que aguaita, aguaita, aguaita...
Y, cabalgando en intangible curva,
un pie bañado en púrpura.

Amor prohibido

Subes centelleante de labios y ojeras!
Por tus venas subo, como un can herido
que busca el refugio de blandas aceras.

Amor, en el mundo tú eres un pecado!
Mi beso es la punta chispeante del cuerno
del diablo; mi beso que es credo sagrado!

Espíritu es el horópter que pasa
        ¡puro en su blasfemia!
¡el corazón que engendra al cerebro!
que pasa hacia el tuyo, por mi barro triste.
        Platónico estambre
que existe en el cáliz donde tu alma existe!

¿Algún penitente silencio siniestro?
¿Tú acaso lo escuchas? Inocente flor!
...Y saber que donde no hay un Padrenuestro,
el Amor es un Cristo pecador!

La cena miserable

Hasta cuándo estaremos esperando lo que
no se nos debe... Y en qué recodo estiraremos
nuestra pobre rodilla para siempre... Hasta cuándo
la cruz que nos alienta no detendrá sus remos.

Hasta cuándo la Duda nos brindará blasones
por haber padecido...
           Ya nos hemos sentado
mucho a la mesa, con la amargura de un niño
que a media noche, llora de hambre, desvelado...

Y cuándo nos veremos con los demás, al borde
de una mañana eterna, desayunados todos.
Hasta cuándo este valle de lágrimas, a donde
yo nunca dije que me trajeran.
           De codos
todo bañado en llanto, repito cabizbajo
y vencido: hasta cuándo la cena durará.

Hay alguien que ha bebido mucho, y se burla,
y acerca y aleja de nosotros, como negra cuchara
de amarga esencia humana, la tumba...
           Y menos sabe
ese oscuro hasta cuándo la cena durará!

Para el alma imposible de mi amada

Amada: no has querido plasmarte jamás
como lo ha pensado mi divino amor.
           Quédate en la hostia,
           ciega e impalpable,
           como existe Dios.

Si he cantado mucho, he llorado más
por ti ¡oh mi parábola excelsa de amor!
        Quédate en el seso,
        y en el mito inmenso
        de mi corazón!

Es la fe, la fragua donde yo quemé
el terroso hierro de tanta mujer;
y en un yunque impío te quise pulir.
        Quédate en la eterna
        nebulosa, ahí,
en la multicencia de un dulce noser.

Y si no has querido plasmarte jamás
en mi metafísica emoción de amor,
        deja que me azote,
        como un pecador.

El tálamo eterno

Sólo al dejar de ser, Amor es fuerte!
Y la tumba será una gran pupila,
en cuyo fondo supervive y llora
la angustia del amor, como en un cáliz
de dulce eternidad y negra aurora.

Y los labios se encrespan para el beso,
como algo lleno que desborda y muere;
y, en conjunción crispante,
cada boca renuncia para la otra
una vida de vida agonizante.

Y cuando pienso así, dulce es la tumba
donde todos al fin se compenetran
en un mismo fragor;
dulce es la sombra, donde todos se unen
en una cita universal de amor.

102

Las piedras

Esta mañana bajé
a las piedras ¡oh las piedras!
Y motivé y troquelé
un pugilato de piedras.

Madre nuestra, si mis pasos
en el mundo hacen doler,
es que son los fogonazos
de un absurdo amanecer.

Las piedras no ofenden; nada
codician. Tan sólo piden
amor a todos, y piden
amor aun a la Nada.

Y si algunas de ellas se
van cabizbajas, o van
avergonzadas, es que
algo de humano harán...

Mas, no falta quien a alguna
por puro gusto golpee.
Tal, blanca piedra es la luna
que voló de un puntapié...

Madre nuestra, esta mañana
me he corrido con las hiedras,
al ver la azul caravana
de las piedras,
de las piedras,
de las piedras...

Retablo

Yo digo para mí: por fin escapo al ruido;
nadie me ve que voy a la nave sagrada.
Altas sombras acuden,
y Darío que pasa con su lira enlutada.

Con paso innumerable sale la dulce Musa,
y a ella van mis ojos, cual polluelos al grano.
La acosan tules de éter y azabaches dormidos,
en tanto sueña el mirlo de la vida en su mano.

Dios mío, eres piadoso, porque diste esta nave,
donde hacen estos brujos azules sus oficios.
Darío de las Américas celestes! Tal ellos se parecen
a ti! Y de tus trenzas fabrican sus cilicios.

Como ánimas que buscan entierros de oro absurdo,
aquellos arciprestes vagos del corazón,
se internan, y aparecen... y, hablándonos de lejos,
nos lloran el suicidio monótono de Dios!

Pagana

Ir muriendo y cantando. Y bautizar la sombra
con sangre babilónica de noble gladiador.
Y rubricar los cuneiformes de la áurea alfombra
con la pluma del ruiseñor y la tinta azul del dolor.

¿La vida? Hembra proteica. Contemplarla asustada
escaparse en sus velos, infiel, falsa Judith;
verla desde la herida, y asirla en la mirada,
incrustando un capricho de cera en un rubí.

Mosto de Babilonia, Holofernes sin tropas,
en el árbol cristiano yo colgué mi nidal;
la viña redentora negó amor a mis copas;
Judith, la vida aleve, sesgó su cuerpo hostial.

Tal un festín pagano. Y amarla hasta en la muerte,
mientras las venas siembran rojas perlas de mal;
y así volverse al polvo, conquistador sin suerte,
dejando miles de ojos de sangre en el puñal.

Los dados eternos

> Para Manuel González Prada esta emoción
> bravía y selecta, una de las que, con más en-
> tusiasmo, me ha aplaudido el gran maestro.

Dios mío, estoy llorando el ser que vivo;
me pesa haber tomádote tu pan;
pero este pobre barro pensativo
no es costra fermentada en tu costado:
tú no tienes Marías que se van!

Dios mío, si tú hubieras sido hombre,
hoy supieras ser Dios;
pero tú, que estuviste siempre bien,
no sientes nada de tu creación.
Y el hombre sí te sufre: el Dios es él!

Hoy que en mis ojos brujos hay candelas,
como en un condenado,
Dios mío, prenderás todas tus velas,
y jugaremos con el viejo dado...
Talvez ¡oh jugador! al dar la suerte
del universo todo,
surgirán las ojeras de la Muerte,
como dos ases fúnebres de lodo.

Dios mío, y esta noche sorda, oscura,
ya no podrás jugar, porque la Tierra
es un dado roído y ya redondo
a fuerza de rodar a la aventura,
que no puede parar sino en un hueco,
en el hueco de inmensa sepultura.

Los anillos fatigados

Hay ganas de volver, de amar, de no ausentarse,
y hay ganas de morir, combatido por dos
aguas encontradas que jamás han de istmarse.

Hay ganas de un gran beso que amortaje a la Vida,
que acaba en el áfrica de una agonía ardiente,
suicida!

Hay ganas de... no tener ganas, Señor;
a ti yo te señalo con el dedo deicida:
hay ganas de no haber tenido corazón.

La primavera vuelve, vuelve y se irá. Y Dios,
curvado en tiempo, se repite, y pasa, pasa
a cuestas con la espina dorsal del Universo.

Cuando las sienes tocan su lúgubre tambor,
cuando me duele el sueño grabado en un puñal,
¡hay ganas de quedarse plantado en este verso!

Santoral

(Parágrafos.)

Viejo Osiris! Llegué hasta la pared
de enfrente de la vida.

Y me parece que he tenido siempre
a la mano esta pared.

Soy la sombra, el reverso: todo va
bajo mis pasos de columna eterna.

Nada he traído por las trenzas; todo
fácil se vino a mí, como una herencia.

Sardanápalo. Tal, botón eléctrico
de máquinas de sueño fue mi boca.

Así he llegado a la pared de enfrente;
y siempre esta pared tuve a la mano.

Viejo Osiris! Perdónote! Que nada
alcanzó a requerirme, nada, nada...

Lluvia

En Lima... En Lima está lloviendo
el agua sucia de un dolor
qué mortífero. Está lloviendo
de la gotera de tu amor.

No te hagas la que está durmiendo,
recuerda de tu trovador;
que yo ya comprendo... comprendo
la humana ecuación de tu amor.

Truena en la mística dulzaina
la gema tempestuosa y zaina,
la brujería de tu «sí».

Mas, cae, cae el aguacero
al ataúd de mi sendero,
donde me ahueso para ti...

Amor

Amor, ya no vuelves a mis ojos muertos;
y cuál mi idealista corazón te llora.
Mis cálices todos aguardan abiertos
tus hostias de otoño y vinos de aurora.

Amor, cruz divina, riega mis desiertos
con tu sangre de astros que sueña y que llora.
¡Amor, ya no vuelves a mis ojos muertos
que temen y ansían tu llanto de aurora!

Amor, no te quiero cuando estás distante
rifado en afeites de alegre bacante,
o en frágil y chata facción de mujer.

Amor, ven sin carne, de un icor que asombre;
y que yo, a manera de Dios, sea el hombre
que ama y engendra sin sensual placer!

Dios

Siento a Dios que camina
tan en mí, con la tarde y con el mar.
Con él nos vamos juntos. Anochece.
Con él anochecemos. Orfandad...

Pero yo siento a Dios. Y hasta parece
que él me dicta no sé qué buen color.
Como un hospitalario, es bueno y triste;
mustia un dulce desdén de enamorado:
debe dolerle mucho el corazón.

Oh, Dios mío, recién a ti me llego,
hoy que amo tanto en esta tarde; hoy
que en la falsa balanza de unos senos,
mido y lloro una frágil Creación.

Y tú, cuál llorarás... tú, enamorado
de tanto enorme seno girador...
Yo te consagro Dios, porque amas tanto;
porque jamás sonríes; porque siempre
debe dolerte mucho el corazón.

108

Unidad

En esta noche mi reloj jadea
junto a la sien oscurecida, como
manzana de revólver que voltea
bajo el gatillo sin hallar el plomo.

La luna blanca, inmóvil, lagrimea,
y es un ojo que apunta... Y siento cómo
se acuña el gran Misterio en una idea
hostil y ovóidea, en un bermejo plomo.

¡Ah, mano que limita, que amenaza
tras de todas las puertas, y que alienta
en todos los relojes, cede y pasa!

Sobre la araña gris de tu armazón,
otra gran Mano hecha de luz sustenta
un plomo en forma azul de corazón.

Los arrieros

Arriero, vas fabulosamente vidriado de sudor.
La hacienda Menocucho
cobra mil sinsabores diarios por la vida.
Las doce. Vamos a la cintura del día.
El sol que duele mucho.

Arriero, con tu poncho colorado te alejas,
saboreando el romance peruano de tu coca.
Y yo desde una hamaca,
desde un siglo de duda,
cavilo tu horizonte, y atisbo, lamentado
por zancudos y por el estribillo gentil
y enfermo de una «paca-paca».
Al fin tú llegarás donde debes llegar,
arriero, que, detrás de tu burro santurrón,
te vas...
te vas...

Feliz de ti, en este calor en que se encabritan
todas las ansias y todos los motivos;
cuando el espíritu que anima al cuerpo apenas,
va sin coca, y no atina a cabestrar
su bruto hacia los Andes
oxidentales de la Eternidad.

Canciones de hogar

Encaje de fiebre

Por los cuadros de santos en el muro colgados
mis pupilas arrastran un ¡ay! de anochecer;
y en un temblor de fiebre, con los brazos cruzados,
mi ser recibe vaga visita del Noser.

Una mosca llorona en los muebles cansados
yo no sé qué leyenda fatal quiere verter:
una ilusión de Orientes que fugan asaltados;
un nido azul de alondras que mueren al nacer.

En un sillón antiguo sentado está mi padre.
Como una Dolorosa, entra y sale mi madre.
Y al verlos siento un algo que no quiere partir.

Porque antes de la oblea que es hostia hecha de Ciencia,
está la hostia, oblea hecha de Providencia.
Y la visita nace, me ayuda a bien vivir...

Los pasos lejanos

Mi padre duerme. Su semblante augusto
figura un apacible corazón;
está ahora tan dulce...
si hay algo en él de amargo, seré yo.

Hay soledad en el hogar; se reza;
y no hay noticias de los hijos hoy.
Mi padre se despierta, ausculta
la huida a Egipto, el restañante adiós.
Está ahora tan cerca;
si hay algo en él de lejos, seré yo.

Y mi madre pasea allá en los huertos,
saboreando un sabor ya sin sabor.
Está ahora tan suave,
tan ala, tan salida, tan amor.

Hay soledad en el hogar sin bulla,
sin noticias, sin verde, sin niñez.
Y si hay algo quebrado en esta tarde,
y que baja y que cruje,
son dos viejos caminos blancos, curvos.
Por ellos va mi corazón a pie.

A mi hermano Miguel

In memoriam.

Hermano, hoy estoy en el poyo de la casa,
donde nos haces una falta sin fondo!
Me acuerdo que jugábamos esta hora, y que mamá
nos acariciaba: «Pero, hijos...»

Ahora yo me escondo;
como antes, todas estas oraciones
vespertinas, y espero que tú no des conmigo.
Por la sala, el zaguán, los corredores.
Después, te ocultas tú, y yo no doy contigo.
Me acuerdo que nos hacíamos llorar,
hermano, en aquel juego.

Miguel, tú te escondiste
una noche de agosto, al alborear;
pero, en vez de ocultarte riendo, estabas triste.
Y tu gemelo corazón de esas tardes
extintas se ha aburrido de no encontrarte. Y ya
cae sombra en el alma.

Oye, hermano, no tardes
en salir. Bueno? Puede inquietarse mamá.

Enereida

Mi padre, apenas,
en la mañana pajarina, pone
sus setentiocho años, sus setentiocho
ramos de invierno a solear.
El cementerio de Santiago, untado
en alegre año nuevo, está a la vista.
Cuántas veces sus pasos cortaron hacia él,
y tornaron de algún entierro humilde.

Hoy hace mucho tiempo que mi padre no sale!
Una broma de niños se desbanda.

Otras veces le hablaba a mi madre
de impresiones urbanas, de política;
y hoy, apoyado en su bastón ilustre
que sonara mejor en los años de la Gobernación,

mi padre está desconocido, frágil,
mi padre es una víspera.
Lleva, trae, abstraído, reliquias, cosas,
recuerdos, sugerencias.
La mañana apacible le acompaña
con sus alas blancas de hermana de caridad.

Día eterno es éste, día ingenuo, infante,
coral, oracional;
se corona el tiempo de palomas,
y el futuro se puebla
de caravanas de inmortales rosas.
Padre, aún sigue todo despertando;
es enero que canta, es tu amor
que resonando va en la Eternidad.
Aún reirás de tus pequeñuelos,
y habrá bulla triunfal en los Vacíos.

Aún será año nuevo. Habrá empanadas;
y yo tendré hambre, cuando toque a misa
en el beato campanario
el buen ciego mélico con quien
departieron mis sílabas escolares y frescas,
mi inocencia rotunda.
Y cuando la mañana llena de gracia,
desde sus senos de tiempo
que son dos renuncias, dos avances de amor
que se tienden y ruegan infinito, eterna vida,
cante, y eche a volar Verbos plurales,
jirones de tu ser,
a la borda de sus alas blancas
de hermana de caridad ¡oh, padre mío!

Espergesia

Yo nací un día
que Dios estuvo enfermo.

114

Todos saben que vivo,
que soy malo; y no saben
del diciembre de ese enero.
Pues yo nací un día
que Dios estuvo enfermo.

Hay un vacío
en mi aire metafísico
que nadie ha de palpar:
el claustro de un silencio
que habló a flor de fuego.
Yo nací un día
que Dios estuvo enfermo.

Hermano, escucha, escucha...
Bueno. Y que no me vaya
sin llevar diciembres,
sin dejar eneros.
Pues yo nací un día
que Dios estuvo enfermo.

Todos saben que vivo,
que mastico... Y no saben
por qué en mi verso chirrían,
oscuro sinsabor de féretro,
luyidos vientos
desenroscados de la Esfinge
preguntona del Desierto.

Todos saben... Y no saben
que la Luz es tísica,
y la Sombra gorda...
Y no saben que el Misterio sintetiza...
que él es la joroba
musical y triste que a distancia denuncia
el paso meridiano de las lindes a las Lindes.

Yo nací un día
que Dios estuvo enfermo,
grave.

TRILCE
(1922)

I

Quién hace tánta bulla, y ni deja
testar las islas que van quedando.

Un poco más de consideración
en cuanto será tarde, temprano,
y se aquilatará mejor
el guano, la simple calabrina tesórea
que brinda sin querer,
en el insular corazón,
salobre alcatraz, a cada hialóidea
            grupada.

Un poco más de consideración,
y el mantillo líquido, seis de la tarde
    DE LOS MAS SOBERBIOS BEMOLES

Y la península párase
por la espalda, abozaleada, impertérrita
en la línea mortal del equilibrio.

II

Tiempo   Tiempo.

Mediodía estancado entre relentes.
Bomba aburrida del cuartel achica
tiempo tiempo tiempo tiempo.

Era   Era.

Gallos cancionan escarbando en vano.
Boca del claro día que conjuga
era era era era.

Mañana   Mañana.

El reposo caliente aún de ser.
Piensa el presente guárdame para
mañana mañana mañana mañana.

Nombre   Nombre.

¿Qué se llama cuanto heriza nos?
Se llama Lomismo que padece
nombre nombre nombre nombrE.

III

Las personas mayores
¿a qué hora volverán?
Da las seis el ciego Santiago,
y ya está muy oscuro.

Madre dijo que no demoraría.

Aguedita, Nativa, Miguel,
cuidado con ir por ahí, por donde
acaban de pasar gangueando sus memorias
dobladoras penas,

120

hacia el silencioso corral, y por donde
las gallinas que se están acostando todavía,
se han espantado tanto.
Mejor estemos aquí no más.
Madre dijo que no demoraría.

Ya no tengamos pena. Vamos viendo
los barcos ¡el mío es más bonito de todos!
con los cuales jugamos todo el santo día,
sin pelearnos, como debe ser:
han quedado en el pozo de agua, listos,
fletados de dulces para mañana.

Aguardemos así, obedientes y sin más
remedio, la vuelta, el desagravio
de los mayores siempre delanteros
dejándonos en casa a los pequeños,
como si también nosotros
                    no pudiésemos partir.

Aguedita, Nativa, Miguel?
Llamo, busco al tanteo en la oscuridad.
No me vayan a haber dejado solo,
y el único recluso sea yo.

IV

Rechinan dos carretas contra los martillos
hasta los lagrimales trifurcas,
cuando nunca las hicimos nada.
A aquella otra sí, desamada,
amargurada bajo túnel campero
por lo uno, y sobre duras áljidas
pruebas   espiritivas.

Tendime en són de tercera parte,
mas la tarde —qué la bamos a hhazer—

se anilla en mi cabeza, furiosamente
a no querer dosificarse en madre. Son
                                    los anillos.
Son los nupciales trópicos ya tascados.
El alejarse, mejor que todo,
rompe a Crisol.

Aquel no haber descolorado
por nada. Lado al lado al destino y llora
y llora. Toda la canción
cuadrada en tres silencios.

Calor. Ovario. Casi transparencia.
Hase llorado todo.   Hase entero velado
en plena izquierda.

                        V

Grupo dicotiledón. Oberturan
desde él petreles, propensiones de trinidad,
finales que comienzan, ohs de ayes
creyérase avaloriados de heterogeneidad.
¡Grupo de los dos cotiledones!

A ver. Aquello sea sin ser más.
A ver. No trascienda hacia afuera,
y piense en són de no ser escuchado,
y crome y no sea visto.
Y no glise en el gran colapso.

La creada voz rebélase y no quiere
ser malla, ni amor.
Los novios sean novios en eternidad.
Pues no deis 1, que resonará al infinito.
Y no deis O, que callará tánto,
hasta despertar y poner de pie al 1.

Ah grupo bicardiaco.

VI

El traje que vestí mañana
no lo ha lavado mi lavandera:
lo lavaba en sus venas otilinas,
en el chorro de su corazón, y hoy no he
de preguntarme si yo dejaba
el traje turbio de injusticia.

A hora que no hay quien vaya a las aguas,
en mis falsillas encañona
el lienzo para emplumar, y todas las cosas
del velador de tánto qué será de mí,
todas no están mías
a mi lado.
                    Quedaron de su propiedad,
fratesadas, selladas con su trigueña bondad.

Y si supiera si ha de volver;
y si supiera qué mañana entrará
a entregarme las ropas lavadas, mi aquella
lavandera del alma. Qué mañana entrará
satisfecha, capulí de obrería, dichosa
de probar que sí sabe, que sí puede
                    ¡COMO NO VA A PODER!
Azular y planchar todos los caos.

VII

Rumbé sin novedad por la veteada calle
que yo me sé. Todo sin novedad,
de veras. Y fondeé hacia cosas así,
y fui pasado.

Doblé la calle por la que raras
veces se pasa con bien, salida
heroica por la herida de aquella
esquina viva, nada a medias.

Son los grandores,
el grito aquel, la claridad de careo,
la barreta sumersa en su función de
                                    ¡ya!

Cuando la calle está ojerosa de puertas,
y pregona desde descalzos atriles
trasmañanar las salvas en los dobles.

Ahora hormigas minuteras
se adentran dulzoradas, dormitadas, apenas
dispuestas, y se baldan,
quemadas pólvoras, altos de a   1921.

                    VIII

Mañana esotro día, alguna
vez hallaría para el hifalto poder,
entrada eternal.

Mañana algún día,
sería la tienda chapada
con un par de pericardios, pareja
de carnívoros en celo.

Bien puede afincar todo eso.
Pero un mañana sin mañana,
entre los aros de que enviudemos,
margen de espejo habrá
donde traspasaré mi propia frente
hasta perder el eco
y quedar con el frente hacia la espalda.

IX

Vusco volvvver de golpe el golpe.
Sus dos hojas anchas, su válvula
que se abre en suculenta recepción
de multiplicando a multiplicador,
su condición excelente para el placer,
todo avía verdad.

Busco vol ver de golpe el golpe.
A su halago, enveto bolivarianas fragosidades
a treintidós cables y sus múltiples,
se arrequintan pelo por pelo
soberanos belfos, los dos tomos de la Obra,
y no vivo entonces ausencia,
          ni al tacto.

Fallo bolver de golpe el golpe.
No ensillaremos jamás el toroso Vaveo
de egoísmo y de aquel ludir mortal
de sábana,
desque la mujer esta
          ¡cuánto pesa de general!

Y hembra es el alma de la ausente.
Y hembra es el alma mía.

X

Prístina y última de infundada
ventura, acaba de morir
con alma y todo, octubre habitación y encinta.
De tres meses de ausente y diez de dulce.
Cómo el destino,
mitrado monodáctilo, ríe.

Cómo detrás desahucian juntas
de contrarios. Cómo siempre asoma el guarismo
bajo la línea de todo avatar.

Cómo escotan las ballenas a palomas.
Cómo a su vez éstas dejan el pico
cubicado en tercera ala.
Cómo arzonamos, cara a monótonas ancas.

Se remolca diez meses hacia la decena,
hacia otro más allá.
Dos quedan por lo menos todavía en pañales.
Y los tres meses de ausencia.
Y los nueve de gestación.

No hay ni una violencia.
El paciente incorpórase,
y sentado empavona tranquilas misturas.

XI

He encontrado a una niña
en la calle, y me ha abrazado.
Equis, disertada, quien la halló y la halle,
no la va a recordar.

Esta niña es mi prima. Hoy, al tocarle
el talle, mis manos han entrado en su edad
como en par de mal rebocados sepulcros.
Y por la misma desolación marchóse,
            delta al sol tenebloso,
            trina entre los dos.

        «Me he casado»,
me dice. Cuando lo que hicimos de niños
en casa de la tía difunta.
            Se ha casado.
            Se ha casado.

Tardes años latitudinales,
qué verdaderas ganas nos ha dado
de jugar a los toros, a las yuntas,
pero todo de engaños, de candor, como fue.

XII

Escapo de una finta, peluza a peluza.
Un proyectil que no sé dónde irá a caer.
Incertidumbre. Tramonto. Cervical coyuntura.

Chasquido de moscón que muere
a mitad de su vuelo y cae a tierra.
¿Qué dice ahora Newton?
Pero, naturalmente, vosotros sois hijos.

Incertidumbre. Talones que no giran.
Carilla en nudo, fabrida
cinco espinas por un lado
y cinco por el otro: Chit! Ya sale.

XIII

Pienso en tu sexo.
Simplificado el corazón, pienso en tu sexo,
ante el hijar maduro del día.
Palpo el botón de dicha, está en sazón.
Y muere un sentimiento antiguo
degenerado en seso.

Pienso en tu sexo, surco más prolífico
y armonioso que el vientre de la Sombra,
aunque la Muerte concibe y pare
de Dios mismo.
Oh Conciencia,
pienso, sí, en el bruto libre
que goza donde quiere, donde puede.

Oh, escándalo de miel de los crepúsculos.
Oh estruendo mudo.

¡Odumodneurtse!

XIV

Cual mi explicación.

Esto me lacera de tempranía.

Esa manera de caminar por los trapecios.

Esos corajosos brutos como postizos.

Esa goma que pega el azogue al adentro.

Esas posaderas sentadas para arriba.

Ese no puede ser, sido.

Absurdo.

Demencia.

Pero he venido de Trujillo a Lima.

Pero gano un sueldo de cinco soles.

XV

En el rincón aquel, donde dormimos juntos
tantas noches, ahora me he sentado
a caminar. La cuja de los novios difuntos
fue sacada, o talvez qué habrá pasado.

Has venido temprano a otros asuntos
y ya no estás. Es el rincón
donde a tu lado, leí una noche,
entre tus tiernos puntos
un cuento de Daudet. Es el rincón
amado. No lo equivoques.

Me he puesto a recordar los días
de verano idos, tu entrar y salir,
poca y harta y pálida por los cuartos.

En esta noche pluviosa,
ya lejos de ambos dos, salto de pronto...
Son dos puertas abriéndose cerrándose,
dos puertas que al viento van y vienen
sombra   a   sombra

XVI

Tengo fe en ser fuerte.
Dame, aire manco, dame ir
galoneándome de ceros a la izquierda.
Y tú, sueño, dame tu diamante implacable,
tu tiempo de deshora.

Tengo fe en ser fuerte.
Por allí avanza cóncava mujer,
cantidad incolora, cuya
gracia se cierra donde me abro.

Al aire, fray pasado. Cangrejos, zote!
Avístate la verde bandera presidencial,
arriando las seis banderas restantes,
todas las colgaduras de la vuelta.

Tengo fe en que soy,
y en que he sido menos.

Ea! Buen primero!

XVII

Destílase este 2 en una sola tanda,
y entrambos lo apuramos.
Nadie me hubo oído. Estría urente
abracadabra civil.

La mañana no palpa cual la primera,
cual la última piedra ovulandas
a fuerza de secreto. La mañana descalza.
El barro a medias
entre sustancia gris, más y menos.

Caras no saben de la cara, ni de la
marcha a los encuentros.
Y sin hacia cabecee el exergo.
Yerra la punta del afán.

Junio, eres nuestro. Junio, y en tus hombros
me paro a carcajear, secando
mi metro y mis bolsillos
en tus 21 uñas de estación.

Buena! Buena!

XVIII

Oh las cuatro paredes de la celda.
Ah las cuatro paredes albicantes
que sin remedio dan al mismo número.

Criadero de nervios, mala brecha,
por sus cuatro rincones cómo arranca
las diarias aherrojadas extremidades.

Amorosa llavera de innumerables llaves,
si estuvieras aquí, si vieras hasta
qué hora son cuatro estas paredes.
Contra ellas seríamos contigo, los dos,
más dos que nunca. Y ni lloraras,
di, libertadora!

Ah las paredes de la celda.
De ellas me duelen entretanto más
las dos largas que tienen esta noche

130

algo de madres que ya muertas
llevan por bromurados declives,
a un niño de la mano cada una.

Y sólo yo me voy quedando,
con la diestra, que hace por ambas manos,
en alto, en busca de terciario brazo
que ha de pupilar, entre mi dónde y mi cuándo,
esta mayoría inválida de hombre.

XIX

A trastear, Hélpide dulce, escampas,
cómo quedamos de tan quedarnos.

Hoy vienes apenas me he levantado.
El establo está divinamente meado
y excrementido por la vaca inocente
y el inocente asno y el gallo inocente.

Penetra en la maría ecuménica.
Oh sangabriel, haz que conciba el alma,
el sin luz amor, el sin cielo,
lo más piedra, lo más nada,
                        hasta la ilusión monarca.

Quemaremos todas las naves!
Quemaremos la última esencia!

Mas si se ha de sufrir de mito a mito,
y a hablarme llegas masticando hielo,
mastiquemos brasas,
ya no hay dónde bajar,
ya no hay dónde subir.

Se ha puesto el gallo incierto, hombre.

XX

Al ras de batiente nata blindada
de piedra ideal. Pues apenas
acerco el 1 al 1 para no caer.

Ese hombre mostachoso. Sol,
herrada su única rueda, quinta y perfecta,
y desde ella para arriba.
Bulla de botones de bragueta,

                        libres,
bulla que reprende A vertical subordinada.
El desagüe jurídico. La chirota grata.

Mas sufro. Allende sufro. Aquende sufro.

Y he aquí se me cae la baba, soy
una bella persona, cuando
el hombre guillermosecundario
puja y suda felicidad
a chorros, al dar lustre al calzado
de su pequeña de tres años.

Engállase el barbado y frota un lado.
La niña en tanto pónese el índice
en la lengua que empieza a deletrear
los enredos de enredos de los enredos,
y unta el otro zapato, a escondidas,
con un poquito de saliba y tierra,

                       pero con un poquito,
                              no má-
                                .s.

XXI

En un auto arteriado de círculos viciosos,
torna diciembre qué cambiado,
con su oro en desgracia. Quién le viera:
diciembre con su 31 pieles rotas,

                       el pobre diablo.

Yo le recuerdo. Hubimos de esplendor,
bocas ensortijadas de mal engreimiento,
todas arrastrando recelos infinitos.
Cómo no voy a recordarle
al magro señor Doce.

Yo le recuerdo. Y hoy diciembre torna
qué cambiado, el aliento a infortunio,
helado, moqueando humillación.

Y a la ternurosa avestruz
como que la ha querido, como que la ha adorado.
Por ella se ha calzado todas sus diferencias.

XXII

Es posible me persigan hasta cuatro
magistrados vuelto. Es posible me juzguen pedro.
¡Cuatro humanidades justas juntas!
Don Juan Jacobo está en hacerio,
y las burlas le tiran de su soledad,
como a un tonto. Bien hecho.

Farol rotoso, el día induce a darle algo,
y pende
a modo de asterisco que se mendiga
a sí propio quizás qué enmendaturas.

Ahora que chirapa tan bonito
en esta paz de una sola línea,
aquí me tienes,
aquí me tienes, de quien yo penda,
para que sacies mis esquinas.
Y si, éstas colmadas,
te derramases de mayor bondad,
sacaré de donde no haya,
forjaré de locura otros posillos,
insaciables ganas
de nivel y amor.

133

Si pues siempre salimos al encuentro
de cuanto entra por otro lado,
ahora, chirapado eterno y todo,
heme, de quien yo penda,
estoy de filo todavía. Heme!

XXIII

Tahona estuosa de aquellos mis bizcochos
pura yema infantil innumerable, madre.

Oh tus cuatro gorgas, asombrosamente
mal plañidas, madre: tus mendigos.
Las dos hermanas últimas, Miguel que ha muerto
y yo arrastrando todavía
una trenza por cada letra del abecedario.

En la sala de arriba nos repartías
de mañana, de tarde, de dual estiba,
aquellas ricas hostias de tiempo, para
que ahora nos sobrasen
cáscaras de relojes en flexión de las 24
en punto parados.

Madre, y ahora! Ahora, en cuál alvéolo
quedaría, en qué retoño capilar,
cierta migaja que hoy se me ata al cuello
y no quiere pasar. Hoy que hasta
tus puros huesos estarán harina
que no habrá en qué amasar
¡tierna dulcera de amor,
hasta en la cruda sombra, hasta en el gran molar
cuya encía late en aquel lácteo hoyuelo
que inadvertido lábrase y pulula ¡tú lo viste tánto!
en las cerradas manos recién nacidas.

Tal la tierra oirá en tu silenciar,
cómo nos van cobrando todos
el alquiler del mundo donde nos dejas
y el valor de aquel pan inacabable.
Y nos lo cobran, cuando, siendo nosotros
pequeños entonces, como tú verías,
no se lo podíamos haber arrebatado
a nadie; cuando tú nos lo diste,
¿di, mamá?

XXIV

Al borde de un sepulcro florecido
transcurren dos marías llorando,
llorando a mares.

El ñandú desplumado del recuerdo
alarga su postrera pluma,
y con ella la mano negativa de Pedro
graba en un domingo de ramos
resonancias de exequias y de piedras.

Del borde de un sepulcro removido
se alejan dos marías cantando.

Lunes.

XXV

Alfan alfiles a adherirse
a las junturas, al fondo, a los testuces,
al sobrelecho de los numeradores a pie.
Alfiles y cadillos de lupinas parvas.

Al rebufar el socaire de cada caravela
deshilada sin americanizar,
ceden las estevas en espasmo de infortunio,

135

con pulso párvulo mal habituado
a sonarse en el dorso de la muñeca.
Y la más aguda tiplisonancia
se tonsura y apeálase, y largamente
se ennazala hacia carámbanos
de lástima infinita.

Soberbios lomos resoplan
al portar, pendientes de mustios petrales
las escarapelas con sus siete colores
bajo cero, desde las islas guaneras
hasta las islas guaneras.
Tal los escarzos a la intemperie de pobre
fe.
Tal el tiempo de las rondas. Tal el del rodeo
para los planos futuros,
cuando innánima grifalda relata sólo
fallidas callandas cruzadas.

Vienen entonces alfiles a adherirse
hasta en las puertas falsas y en los borradores.

XXVI

El verano echa nudo a tres años
que, encintados de cárdenas cintas, a todo
                    sollozo,
aurigan orinientos índices
de moribundas alejandrías
de cuzcos moribundos.

Nudo alvino deshecho, una pierna por allí,
más allá todavía la otra,
                    desgajadas,
                    péndulas.
Deshecho nudo de lácteas glándulas
de la sinamayera,

136

bueno para alpacas brillantes,
para abrigo de pluma inservible
¡más piernas los brazos que brazos!

Así envérase el fin, como todo,
como polluelo adormido saltón
de la hendida cáscara,
a luz eternamente polla.
Y así, desde el óvalo, con cuatros al hombro,
ya para qué tristura.

Las uñas aquellas dolían
retesando los propios dedos hospicios.
De entonces crecen ellas para adentro,
              mueren para afuera,
              y al medio ni van ni vienen,
              ni van ni vienen.

Las uñas. Apeona ardiente avestruz coja,
desde perdidos sures,
flecha hasta el estrecho ciego
              de senos aunados.

Al calor de una punta
de pobre sesgo ESFORZADO,
la grieta sota de oros tórnase
morena sota de islas,
cobriza sota de lagos
en frente a moribunda alejandría,
a cuzco moribundo.

XXVII

Me da miedo ese chorro,
buen recuerdo, señor fuerte, implacable
cruel dulzor. Me da miedo.
Esta casa me da entero bien, entero
lugar para este no saber dónde estar.

137

No entremos. Me da miedo este favor
de tornar por minutos, por puentes volados.
Yo no avanzo, señor dulce,
recuerdo valeroso, triste
esqueleto cantor.

Qué contenido, el de esta casa encantada,
me da muertes de azogue, y obtura
con plomo mis tomas
a la seca actualidad.

El chorro que no sabe a cómo vamos,
dame miedo, pavor.
Recuerdo valeroso, yo no avanzo.
Rubio y triste esqueleto, silba, silba.

XXVIII

He almorzado solo ahora, y no he tenido
madre, ni súplica, ni sírvete, ni agua,
ni padre que, en el facundo ofertorio
de los choclos, pregunte para su tardanza
de imagen, por los broches mayores del sonido.

Cómo iba yo a almorzar. Cómo me iba a servir
de tales platos distantes esas cosas,
cuando habráse quebrado el propio hogar,
cuando no asoma ni madre a los labios.
Cómo iba yo a almorzar nonada.

A la mesa de un buen amigo he almorzado
con su padre recién llegado del mundo,
con sus canas tías que hablan
en tordillo retinte de porcelana,
bisbiseando por todos sus viudos alvéolos;
y con cubiertos francos de alegres tiroriros,
porque estánse en su casa. Así, qué gracia!
Y me han dolido los cuchillos
de esta mesa en todo el paladar.

138

El yantar de estas mesas así, en que se prueba
amor ajeno en vez del propio amor,
torna tierra el bocado que no brinda la
                                    MADRE,
hace golpe la dura deglución; el dulce,
hiel; aceite funéreo, el café.

Cuando ya se ha quebrado el propio hogar,
y el sírvete materno no sale de la
tumba,
la cocina a oscuras, la miseria de amor.

XXIX

Zumba el tedio enfrascado
bajo el momento improducido y caña.

Pasa una paralela a
ingrata línea quebrada de felicidad.
Me extraña cada firmeza, junto a esa agua
que se aleja, que ríe acero, caña.

Hilo retemplado, hilo, hilo binómico
¿por dónde romperás, nudo de guerra?

Acoraza este ecuador, Luna.

XXX

Quemadura del segundo
en toda la tierna carnecilla del deseo,
picadura de ají vagoroso,
a las dos de la tarde inmoral.

Guante de los bordes borde a borde.
Olorosa verdad tocada en vivo, al conectar
la antena del sexo
con lo que estamos siendo sin saberlo.

Lavaza de máxima ablución.
Calderas viajeras
que se chocan y salpican de fresca sombra
unánime, el color, la fracción, la dura vida,
la dura vida eterna.
No temamos. La muerte es así.

El sexo sangre de la amada que se queja
dulzorada, de portar tánto
por tan punto ridículo.
Y el circuito
entre nuestro pobre día y la noche grande,
a las dos de la tarde inmoral.

XXXI

Esperanza plañe entre algodones.

Aristas roncas uniformadas
de amenazas tejidas de esporas magníficas
y con porteros botones innatos.
¿Se luden seis de sol?
Natividad. Cállate, miedo.

Cristiano espero, espero siempre
de hinojos en la piedra circular que está
en las cien esquinas de esta suerte
tan vaga a donde asomo.

Y Dios sobresaltado nos oprime
el pulso, grave, mudo,
y como padre a su pequeña,

                              apenas,
pero apenas, entreabre los sangrientos algodones
y entre sus dedos toma a la esperanza.

Señor, lo quiero yo...
Y basta!

XXXII

999 calorías
Rumbbb... Trrraprrr rrach... chaz
Serpentínica *u* del bizcochero
engirafada al tímpano.

Quién como los hielos. Pero no.
Quién como lo que va ni más ni menos.
Quién como el justo medio.

1,000 calorías.
Azulea y ríe su gran cachaza
el firmamento gringo. Baja
el sol empavado y le alborota los cascos
al más frío.

Remeda al cuco; Rooooooooeeeeis...
tierno autocarril, móvil de sed,
que corre hasta la playa.

Aire, aire! Hielo!
Si al menos el calor (——————— Mejor
                    no digo nada.

Y hasta la misma pluma
con que escribo por último se troncha.

Treinta y tres trillones trescientos treinta
y tres calorías.

XXXIII

Si lloviera esta noche, retiraríame
de aquí a mil años.
Mejor a cien no más.
Como si nada hubiese ocurrido, haría
la cuenta de que vengo todavía.

O sin madre, sin amada, sin porfía
de agacharme a aguaitar al fondo, a puro
pulso,
esta noche así, estaría escarmenando
la fibra védica,
la lana védica de mi fin final, hilo
del diantre, traza de haber tenido
por las narices
a dos badajos inacordes de tiempo
        en una misma campana.

Haga la cuenta de mi vida
o haga la cuenta de no haber aún nacido
no alcanzaré a librarme.

No será lo que aún no haya venido, sino
lo que ha llegado y ya se ha ido,
sino lo que ha llegado y ya se ha ido.

XXXIV

Se acabó el extraño, con quien, tarde
la noche, regresabas parla y parla.
Ya no habrá quien me aguarde,
dispuesto mi lugar, bueno lo malo.

Se acabó la calurosa tarde;
tu gran bahía y tu clamor; la charla
con tu madre acabada
que nos brindaba un té lleno de tarde.

142

Se acabó todo al fin: las vacaciones,
tu obediencia de pechos, tu manera
de pedirme que no me vaya fuera.

Y se acabó el diminutivo, para
mi mayoría en el dolor sin fin
y nuestro haber nacido así sin causa.

XXXV

El encuentro con la amada
tanto alguna vez, es un simple detalle,
casi un programa hípico en violado,
que de tan largo no se puede doblar bien.

El almuerzo con ella que estaría
poniendo el plato que nos gustara ayer
y se repite ahora,
pero con algo más de mostaza;
el tenedor absorto, su doneo radiante
de pistilo en mayo, y su verecundia
de a centavito, por quítame allá esa paja.
Y la cerveza lírica y nerviosa
a la que celan sus dos pezones sin lúpulo,
y que no se debe tomar mucho!

Y los demás encantos de la mesa
que aquella núbil campaña borda
con sus propias baterías germinales
que han operado toda la mañana,
según me consta, a mí,
amoroso notario de sus intimidades,
y con las diez varillas mágicas
de sus dedos pancreáticos.

Mujer que, sin pensar en nada más allá,
suelta el mirlo y se pone a conversarnos
sus palabras tiernas
como lancinantes lechugas recién cortadas.

Otro vaso y me voy. Y nos marchamos,
ahora sí, a trabajar.

Entre tanto, ella se interna
entre los cortinajes y ¡oh aguja de mis días
desgarrados! se sienta a la orilla
de una costura, a coserme el costado
a su costado,
a pegar el botón de esa camisa,
que se ha vuelto a caer. Pero hase visto!

XXXVI

Pugnamos ensartarnos por un ojo de aguja,
enfrentados a las ganadas.
Amoniácase casi el cuarto ángulo del círculo.
¡Hembra se continúa el macho, a raíz
de probables senos, y precisamente
a raíz de cuanto no florece!

¿Por ahí estás, Venus de Milo?
Tú manqueas apenas pululando
entrañada en los brazos plenarios
de la existencia,
de esta existencia que todaviiza
perenne imperfección.
Venus de Milo, cuyo cercenado, increado
brazo revuélvese y trata de encodarse
a través de verdeantes guijarros gagos,
ortivos nautilos, aunes que gatean
recién, vísperas inmortales,
Laceadora de inminencias, laceadora
del paréntesis.

Rehusad, y vosotros, a posar las plantas
en la seguridad dupla de la Armonía.
Rehusad la simetría a buen seguro.

144

Intervenid en el conflicto
de puntas que se disputan
en la más torionda de las justas
el salto por el ojo de la aguja!

Tal siento ahora el meñique
demás en la siniestra. Lo veo y creo
no debe serme, o por lo menos que está
en sitio donde no debe.
Y me inspira rabia y me azarea
y no hay cómo salir de él, sino haciendo
la cuenta de que hoy es jueves.

¡Ceded al nuevo impar
                    potente de orfandad!

XXXVII

He conocido a una pobre muchacha
a quien conduje hasta la escena.
La madre, sus hermanas qué amables y también
aquel su infortunado «tú no vas a volver».

Como en cierto negocio me iba admirablemente
me rodeaban de un aire de dinasta florido.
La novia se volvía agua,
y cuán bien me solía llorar
su amor mal aprendido.

Me gustaba su tímida marinera
de humildes aderezos al dar las vueltas,
y cómo su pañuelo trazaba puntos,
tildes, a la melografía de su bailar de juncia.

Y cuando ambos burlamos al párroco,
quebróse mi negocio y el suyo
y la esfera barrida.

XXXVIII

Este cristal aguarda ser sorbido
en bruto por boca venidera
sin dientes. No desdentada.
Este cristal es pan no venido todavía.

Hiere cuando lo fuerzan
y ya no tiene cariños animales.
Mas si se le apasiona, se melaría
y tomaría la horma de los sustantivos
que se adjetivan de brindarse.

Quienes lo ven allí triste individuo
incoloro, lo enviarían por amor,
por pasado y a lo más por futuro:
si él no dase por ninguno de sus costados;
si él espera ser sorbido de golpe
y en cuanto transparencia, por boca ve-
nidera que ya no tendrá dientes.

Este cristal ha pasado de animal,
y márchase ahora a formar las izquierdas,
los nuevos Menos.
Déjenlo solo no más.

XXXIX

Quién ha encendido fósforo!
          Mésome. Sonrío
a columpio por motivo.
Sonrío aún más, si llegan todos
a ver las guías sin color
y a mí siempre en punto. Qué me importa.

Ni ese bueno del Sol que, al morirse de gusto,
lo desposta todo para distribuirlo
entre las sombras, el pródigo,

146

ni él me esperaría a la otra banda.
Ni los demás que paran sólo
entrando y saliendo.

Llama con toque de retina
el gran panadero. Y pagamos en señas
curiosísimas el tibio valor innegable
horneado, trascendiente.
Y tomamos el café, ya tarde,
con deficiente azúcar que ha faltado,
y pan sin mantequilla. Qué se va a hacer.

Pero, eso sí, los aros receñidos, barreados.
La salud va en un pie. De frente: marchen!

XL

Quién nos hubiera dicho que en domingo
así, sobre arácnidas cuestas
se encabritaría la sombra de puro frontal.
(Un molusco ataca yermos ojos encallados,
a razón de dos o más posibilidades tantálicas
contra medio estertor de sangre remordida).

Entonces, ni el propio revés de la pantalla
deshabitada enjugaría las arterias
trasdoseadas de dobles todavías.
Como si no nos hubiesen dejado salir! Como
si no estuviésemos embrazados siempre
a los dos flancos diarios de la fatalidad!

Y cuánto nos habríamos ofendido.
Y aún lo que nos habríamos enojado y peleado
y amistado otra vez
y otra vez.

Quién hubiera pensado en tal domingo.
cuando, a rastras, seis codos lamen
de esta manera, hueras yemas lunesentes.

Habríamos sacado contra él, de bajo
de las dos alas del Amor,
lustrales plumas terceras, puñales,
nuevos pasajes de papel de oriente.
Para hoy que probamos si aún vivimos,
casi un frente no más.

XLI

La Muerte de rodillas mana
su sangre blanca que no es sangre.
Se huele a garantía.
Pero ya me quiero reír.

Murmúrase algo por allí. Callan.
Alguien silba valor de lado,
y hasta se contaría en par
veintitrés costillas que se echan de menos
entre sí, a ambos costados; se contaría
en par también, toda la fila
de trapecios escoltas.

En tanto, el redoblante policial
(otra vez me quiero reír)
se desquita y nos tunde a palos.
dale y dale
de membrana a membrana
tas
con
tas.

XLII

Esperaos. Ya os voy a narrar
todo. Esperaos sossiegue
este dolor de cabeza. Esperaos.

¿Dónde os habéis dejado vosotros
que no hacéis falta jamás?

Nadie hace falta! Muy bien.

Rosa, entra del último piso.
Estoy niño. Y otra vez rosa:
ni sabes a dónde voy.

¿Aspa la estrella de la muerte?
O son extrañas máquinas cosedoras
dentro del costado izquierdo.
Esperaos otro momento.

No nos ha visto nadie. Pura
búscate el talle.
¡A dónde se han saltado tus ojos!

Penetra reencarnada en los salones
de ponentino cristal. Suena
música exacta casi lástima.

Me siento mejor. Sin fiebre, y ferviente.
Primavera. Perú. Abro los ojos.
Ave! No salgas. Dios, como si sospechase
algún flujo sin reflujo ay.

Paletada facial, resbala el telón
cabe las conchas.

Acrisis. Tilia, acuéstate.

XLIII

Quién sabe se va a ti. No le ocultes.
Quién sabe madrugada.
Acaríciale. No le digas nada. Está
duro de lo que se ahuyenta.
Acaríciale. Anda! Cómo le tendrías pena.

Narra que no es posible
todos digan que bueno,
cuando ves que se vuelve y revuelve,
animal que ha aprendido a irse... No?
Sí! Acaríciale. No le arguyas.

Quién sabe se va a ti madrugada.
¿Has contado qué poros dan salida solamente,
y cuáles dan entrada?
Acaríciale. Anda! Pero no vaya a saber
que lo haces porque yo te lo ruego.
Anda!

XLIV

Este piano viaja para adentro,
viaja a saltos alegres.
Luego medita en ferrado reposo,
clavado con diez horizontes.

Adelanta. Arrástrase bajo túneles,
más allá, bajo túneles de dolor,
bajo vértebras que fugan naturalmente.

Otras veces van sus trompas,
lentas asias amarillas de vivir,
van de eclipse,
y se espulgan pesadillas insectiles,
ya muertas para el trueno, heraldo de los génesis.

Piano oscuro ¿a quién atisbas
con tu sordera que me oye.
con tu mudez que me asorda?

Oh pulso misterioso.

XLV

Me desvinculo del mar
cuando vienen las aguas a mí.

Salgamos siempre. Saboreemos
la canción estupenda, la canción dicha
por los labios inferiores del deseo.
Oh prodigiosa doncellez.
Pasa la brisa sin sal.

A lo lejos husmeo los tuétanos
oyendo el tanteo profundo, a la caza
de teclas de resaca.

Y si así diéramos las narices
en el absurdo,
nos cubriremos con el oro de no tener nada,
y empollaremos el ala aún no nacida
de la noche, hermana
de esta ala huérfana del día,
que a fuerza de ser una ya no es ala.

XLVI

La tarde cocinera se detiene
ante la mesa donde tú comiste;
y muerta de hambre tu memoria viene
sin probar ni agua, de lo puro triste.

Mas, como siempre, tu humildad se aviene
a que le brinden la bondad más triste.
Y no quieres gustar, que ves quien viene
filialmente a la mesa en que comiste.

La tarde cocinera te suplica
y te llora en su delantal que aún sórdido
nos empieza a querer de oírnos tanto.

Yo hago esfuerzos también; porque no hay
valor para servirse de estas aves.
Ah! qué nos vamos a servir ya nada.

XLVII

Ciliado arrecife donde nací,
según refieren cronicones y pliegos
de labios familiares historiados
en segunda gracia.

Ciliado archipiélago, te desislas a fondo,
                              a fondo, archipiélago mío!
Duras todavía las articulaciones
al camino, como cuando nos instan,
y nosotros no cedemos por nada.

Al ver los párpados cerrados,
implumes mayorcitos, devorando azules bombones,
se carcajean pericotes viejos.
Los párpados cerrados, como si, cuando nacemos,
siempre no fuese tiempo todavía.

Se va el altar, el cirio para
que no le pasase nada a mi madre,
y por mí que sería con los años, si Dios
quería, Obispo, Papa, Santo, o talvez
sólo un columnario dolor de cabeza.

Y las manitas que se abarquillan
asiéndose de algo flotante,
a no querer quedarse.
Y siendo ya la l.

XLVIII

Tengo ahora 70 soles peruanos.
Cojo la penúltima moneda, la que suena
69 veces púnicas.
Y he aquí, al finalizar su rol,
quémase toda y arde llameante,
                              llameante,
redonda entre mis tímpanos alucinados.

Ella, siendo 69, dase contra 70;
luego escala 71, rebota en 72.
Y así se multiplica y espejea impertérrita
en todos los demás piñones.

Ella, vibrando y forcejeando,
pegando grittttos,
soltando arduos, chisporroteantes silencios,
orinándose de natural grandor,
en unánimes postes surgentes,
acaba por ser todos los guarismos,
                              la vida entera.

XLIX

Murmurando en inquietud, cruzo,
el traje largo de sentir, los lunes
                    de la verdad.
Nadie me busca ni me reconoce,
y hasta yo he olvidado
                    de quién seré.

Cierta guardarropía, sólo ella, nos sabrá
a todos en las blancas hojas
de las partidas.
Esa guardarropía, ella sola,
al volver de cada facción,
                    de cada candelabro
                    ciego de nacimiento.

Tampoco yo descubro a nadie, bajo
este mantillo que iridice los lunes
                    de la razón;
y no hago más que sonreír a cada púa
de las verjas, en la loca búsqueda
                    del conocido.

Buena guardarropía, ábreme
                    tus blancas hojas;
quiero reconocer siquiera al 1,
quiero el punto de apoyo, quiero
                    saber de estar siquiera.

En los bastidores donde nos vestimos,
no hay, no Hay nadie: hojas tan sólo
                    de par en par.
Y siempre los trajes descolgándose
por sí propios, de perchas
como ductores índices grotescos,
y partiendo sin cuerpos, vacantes,
                    hasta el matiz prudente
de un gran caldo de alas con causas
y lindes fritas.
Y hasta el hueso!

                    L

El cancerbero cuatro veces
al día maneja su candado, abriéndonos
cerrándonos los esternones, en guiños
que entendemos perfectamente.

Con los fundillos lelos melancólicos,
amuchachado de trascendental desaliño,
parado, es adorable el pobre viejo.
Chancea con los presos, hasta el tope
los puños en las ingles. Y hasta mojarrilla

les roe algún mendrugo; pero siempre
cumpliendo su deber.

Por entre los barrotes pone el punto
fiscal, inadvertido, izándose en la falangita
del meñique,
a la pista de lo que hablo,
lo que como,
lo que sueño.
Quiere el corvino ya no hayan adentros,
y cómo nos duele esto que quiere el cancerbero.

Por un sistema de relojería, juega
el viejo inminente, pitagórico!
a lo ancho de las aortas. Y sólo
de tarde en noche, con noche
soslaya alguna su excepción de metal.
Pero, naturalmente,
siempre cumpliendo su deber.

LI

Mentira. Si lo hacía de engaños,
y nada más. Ya está. De otro modo,
también tú vas a ver
cuánto va a dolerme el haber sido así.

Mentira. Calla.
Ya está bien.
Como otras veces tú me haces esto mismo,
por eso yo también he sido así.

A mí, que había tanto atisbado si de veras
llorabas,
ya que otras veces sólo te quedaste
en tus dulces pucheros,

a mí, que ni soñé que los creyeses,
me ganaron tus lágrimas.
Ya está.

Mas ya lo sabes: todo fue mentira.
Y si sigues llorando, bueno, pues!
Otra vez ni he de verte cuando juegues.

LII

Y nos levantaremos cuando se nos dé
la gana, aunque mamá toda claror
nos despierte con cantora
y linda cólera materna.
Nosotros reiremos a hurtadillas de esto,
mordiendo el canto de las tibias colchas
de vicuña ¡y no me vayas a hacer cosas!

Los humos de los bohíos ¡ah golfillos
en rama! madrugarían a jugar
a las cometas azulinas, azulantes,
y, apañuscando alfarjes y piedras, nos darían
su estímulo fragante de boñiga,
                              para sacarnos
al aire nene que no conoce aún las letras,
a pelearles los hilos.

Otro día querrás pastorear
entre tus huecos onfalóideos
                    ávidas cavernas,
              meses nonos,
                    mis telones.
O querrás acompañar a la ancianía
a destapar la toma de un crepúsculo,
para que de día surja
toda el agua que pasa de noche.

Y llegas muriéndote de risa,
y en el almuerzo musical,
cancha reventada, harina con manteca,
con manteca,
le tomas el pelo al peón decúbito
que hoy otra vez olvida dar los buenos días,
esos sus días, buenos con b de baldío,
que insisten en salirle al pobre
por la culata de la v
dentilabial que vela en él.

LIII

Quién clama las once no son doce!
Como si las hubiesen pujado, se afrontan
de dos en dos las once veces.

Cabezazo brutal. Asoman
las coronas a oír,
pero sin traspasar los eternos
trescientos sesenta grados, asoman
y exploran en balde, dónde ambas manos
ocultan el otro puente que les nace
entre veras y litúrgicas bromas.

Vuelve la frontera a probar
las dos piedras que no alcanzar a ocupar
una misma posada a un mismo tiempo.
La frontera, la ambulante batuta, que sigue
inmutable, igual, sólo
más ella a cada esguince en alto.

Veis lo que es sin poder ser negado,
veis lo que tenemos que aguantar,
mal que nos pese.
¡Cuánto se aceita en codos
que llegan hasta la boca!

LIV

Forajido tormento, entra, sal
por un mismo forado cuadrangular.
Duda. El balance punza y punza
hasta las cachas.

A veces doyme contra todas las contras,
y por ratos soy el alto más negro de las ápices
en la fatalidad de la Armonía.
Entonces las ojeras se irritan divinamente,
y solloza la sierra del alma,
se violentan oxígenos de buena voluntad,
arde cuanto no arde y hasta
el dolor dobla el pico en risa.

Pero un día no podrás entrar
ni salir, con el puñado de tierra
que te echaré a los ojos forajido!

LV

Samain diría el aire es quieto y de una contenida tristeza.

Vallejo dice hoy la Muerte está soldando cada lindero
a cada hebra de cabello perdido, desde la cubeta de un
frontal, donde hay algas, toronjiles que cantan divinos
almácigos en guardia, y versos antisépticos sin dueño.

El miércoles, con uñas destronadas se abre las propias
de alcanfor, e instila por polvorientos   [uñas
harneros, ecos, páginas vueltas, sarros,
zumbidos de moscas
cuando hay muerto, y pena clara esponjosa y cierta
                                          [esperanza.

Un enfermo lee La Prensa, como en facistol.
Otro está tendido palpitante, longirrostro,
cerca a estarlo sepulto.
Y yo advierto un hombro está en su sitio
todavía y casi queda listo tras de este, el otro lado.

Ya la tarde pasó diez y seis veces por el subsuelo empa-
y se está casi ausente   [trullado,
en el número de madera amarilla
de la cama que está desocupada tanto tiempo
                        allá.....................
                                      enfrente.

                            LVI

Todos los días amanezco a ciegas
a trabajar para vivir; y tomo el desayuno,
sin probar ni gota de él, todas las mañanas.
Sin saber si he logrado, o más nunca,
algo que brinca del sabor
o es sólo corazón y que ya vuelto, lamentará
hasta dónde esto es lo menos.

El niño crecería ahíto de felicidad
                        oh albas,
ante el pesar de los padres de no poder dejarnos
de arrancar de sus sueños de amor a este mundo;
ante ellos que, como Dios, de tanto amor
se comprendieron hasta creadores
y nos quisieron hasta hacernos daño.

Flecos de invisible trama,
dientes que huronean desde la neutra emoción,
                        pilares
libres de base y coronación,
en la gran boca que ha perdido el habla.

Fósforo y fósforo en la oscuridad,
lágrima y lágrima en la polvareda.

                                            159

LVII

Craterizados los puntos más altos, los puntos
del amor de ser mayúsculo, bebo, ayuno, ab-
sorbo heroína para la pena, para el latido
lacio y contra toda corrección.

¿Puedo decir que nos han traicionado? No.
¿Que todos fueron buenos? Tampoco. Pero
allí está una buena voluntad, sin duda,
y sobre todo, el ser así.

Y qué quien se ame mucho! Yo me busco
en mi propio designio que debió ser obra
mía, en vano: nada alcanzó a ser libre.

Y sin embargo, quién me empuja.
A que no me atrevo a cerrar la quinta ventana.
Y el papel de amarse y persistir, junto a las
horas y a lo indebido.

Y el éste y el aquél.

LVIII

En la celda, en lo sólido, también
se acurrucan los rincones.

Arreglo los desnudos que se ajan,
se doblan, se harapan.

Apéome del caballo jadeante, bufando
líneas de bofetadas y de horizontes;
espumoso pie contra tres cascos.
Y le ayudo: Anda, animal!

160

Se tomaría menos, siempre menos, de lo
que me tocase erogar,
en la celda, en lo líquido.

El compañero de prisión comía el trigo
de las lomas, con mi propia cuchara,
cuando, a la mesa de mis padres, niño,
me quedaba dormido masticando.

Le soplo al otro:
Vuelve, sal por la otra esquina;
apura... aprisa... apronta!

E inadvertido aduzco, planeo,
cabe camastro desvencijado, piadoso:
No creas. Aquel médico era un hombre sano.

Ya no reiré cuando mi madre rece
en infancia y en domingo, a las cuatro
de la madrugada, por los caminantes,
encarcelados,
enfermos
y pobres.

En el redil de niños, ya no le asestaré
puñetazos a ninguno de ellos, quien, después,
todavía sangrando, lloraría: El otro sábado
te daré de mi fiambre, pero
no me pegues!
Ya no le diré que bueno.

En la celda, en el gas ilimitado
hasta redondearse en la condensación,
¿quién tropieza por afuera?

LIX

La esfera terrestre del amor
que rezagóse abajo, da vuelta
y vuelta sin parar segundo,
y nosotros estamos condenados a sufrir
como un centro su girar.

Pacífico inmóvil, vidrio, preñado
de todos los posibles.
Andes frío, inhumanable, puro.
Acaso. Acaso.

Gira la esfera en el pedernal del tiempo,
y se afila,
y se afila hasta querer perderse;
gira forjando, ante los desertados flancos,
aquel punto tan espantablemente conocido,
porque él ha gestado, vuelta
y vuelta,
el corralito consabido.

Centrífuga que sí, que sí,
que Sí,
que sí, que sí, que sí, que sí: NO!
Y me retiro hasta azular, y retrayéndome
endurezco, hasta apretarme el alma!

LX

Es de madera mi paciencia,
sorda, vegetal.

Día que has sido puro, niño, inútil,
que naciste desnudo, las leguas
de tu marcha, van corriendo sobre
tus doce extremidades, ese doblez ceñudo
que después deshiláchase
en no se sabe qué últimos pañales.

Constelado de hemisferios de grumo,
bajo eternas américas inéditas, tu gran plumaje,
te partes y me dejas, sin tu emoción ambigua,
sin tu nudo de sueños, domingo.

Y se apolilla mi paciencia,
y me vuelvo a exclamar: ¡Cuándo vendrá
el domingo bocón y mudo del sepulcro;
cuándo vendrá a cargar este sábado
de harapos, esta horrible sutura
del placer que nos engendra sin querer,
y el placer que nos DestieRRA!

LXI

Esta noche desciendo del caballo,
ante la puerta de la casa, donde
me despedí con el cantar del gallo.
Está cerrada y nadie responde.

El poyo en que mamá alumbró
al hermano mayor, para que ensille
lomos que había yo montado en pelo,
por rúas y por cercas, niño aldeano;
el poyo en que dejé que se amarille al sol
mi adolorida infancia... ¿Y este duelo
que enmarca la portada?

Dios en la paz foránea,
estornuda, cual llamando también, el bruto;
husmea, golpeando el empedrado. Luego duda
relincha,
orejea a viva oreja.

Ha de velar papá rezando, y quizás
pensará se me hizo tarde.
Las hermanas, canturreando sus ilusiones

163

sencillas, bullosas,
en la labor para la fiesta que se acerca,
y ya no falta casi nada.
Espero, espero, el corazón
un huevo en su momento, que se obstruye.

Numerosa familia que dejamos
no ha mucho, hoy nadie en vela, y ni una cera
puso en el ara para que volviéramos.

Llamo de nuevo, y nada.
Callamos y nos ponemos a sollozar, y el animal
relincha, relincha más todavía.

Todos están durmiendo para siempre,
y tan de lo más bien, que por fin
mi caballo acaba fatigado por cabecear
a su vez, y entre sueños, a cada venia, dice
que está bien, que todo está muy bien.

LXII

Alfombra
Cuando vayas al cuarto que tú sabes,
entra en él, pero entorna con tiento la mampara
                    que tánto se entreabre,
casa bien los cerrojos, para que ya no puedan
volverse otras espaldas.

Corteza
Y cuando salgas, di que no tardarás
a llamar al canal que nos separa:
fuertemente cogido de un canto de tu suerte,
te soy inseparable,
y me arrastras de borde de tu alma.

164

Almohada

Y sólo cuando hayamos muerto ¡quién sabe!
       Oh nó. Quién sabe!
entonces nos habremos separado.
Mas si, al cambiar el paso, me tocase a mí
la desconocida bandera, te he esperar allá,
en la confluencia del soplo y el hueso,
como antaño,
como antaño en la esquina de los novios
       ponientes de la tierra.

Y desde allí te seguiré a lo largo
de otros mundos, y siquiera podrán
servirte mis nós musgosos y arrecidos,
para que en ellos poses las rodillas
en las siete caídas de esa cuesta infinita,
y así te duelan menos.

LXIII

Amanece lloviendo. Bien peinada
la mañana chorrea el pelo fino.
Melancolía está amarrada;
y en mal asfaltado oxidente de muebles indúes,
vira, se asienta apenas el destino.

Cielos de puna descorazonada
por gran amor, los cielos de platino, torvos
de imposible.

Rumia la majada y se subraya
de un relincho andino.

Me acuerdo de mí mismo. Pero bastan
las astas del viento, los timones quietos hasta
hacerse uno,
y el grillo del tedio y el jiboso codo inquebrantable.

Basta la mañana de libres crinejas
de brea preciosa, serrana,
cuando salgo y busco las once
y no son más que las doce deshoras.

LXIV

Hitos vagarosos enamoran, desde el minuto montuoso que obstetriza y fecha los amotinados nichos de la atmósfera.

Verde está el corazón de tanto esperar; y en el canal de Panamá ¡hablo con vosotros, mitades, bases, cúspides! retoñan los peldaños, pasos que suben,
pasos que baja-
n.
Y yo que pervivo,
y yo que sé plantarme.

Oh valle sin altura madre, donde todo duerme horrible mediatinta, sin ríos frescos, sin entradas de amor. Oh voces y ciudades que pasan cabalgando en un dedo tendido que señala a calva Unidad. Mientras pasan, de mucho en mucho, gañanes de gran costado sabio, detrás de las tres tardas dimensiones.

Hoy   Mañana   Ayer
(No, hombre!)

LXV

Madre, me voy mañana a Santiago,
a mojarme en tu bendición y en tu llanto.
Acomodando estoy mis desengaños y el rosado
de llaga de mis falsos trajines.

166

Me esperará tu arco de asombro,
las tonsuradas columnas de tus ansias
que se acaban la vida. Me esperará el patio,
el corredor de abajo con sus tondos y repulgos
de fiesta. Me esperará mi sillón ayo,
aquel buen quijarudo trasto de dinástico
cuero, que pára no más rezongando a las nalgas
tataranietas, de correa a correhuela.

Estoy cribando mis cariños más puros.
Estoy ejeando ¿no oyes jadear la sonda?
                ¿no oyes tascar dianas?
estoy plasmando tu fórmula de amor
para todos los huecos de este suelo.
Oh si se dispusieran los tácitos volantes
para todas las cintas más distantes,
para todas las citas más distintas.

Así, muerta inmortal. Así.
Bajo los dobles arcos de tu sangre, por donde
hay que pasar tan de puntillas, que hasta mi padre
para ir por allí,
humildóse hasta menos de la mitad del hombre,
hasta ser el primer pequeño que tuviste.

Así, muerta inmortal.
Entre la columnata de tus huesos
que no puede caer ni a lloros,
y a cuyo lado ni el Destino pudo entrometer
ni un solo dedo suyo.

Así, muerta inmortal.
Así.

LXVI

Dobla el dos de Noviembre.

Estas sillas son buenas acogidas.
La rama del presentimiento
va, viene, sube, ondea sudorosa,
fatigada en esta sala.
Dobla triste el dos de Noviembre.

Difuntos, qué bajo cortan vuestros dientes
abolidos, repasando ciegos nervios,
sin recordar la dura fibra
que cantores obreros redondos remiendan
con cáñamo inacabable, de innumerables nudos
latentes de encrucijada.

Vosotros, difuntos, de las nítidas rodillas
puras a fuerza de entregaros,
cómo aserráis el otro corazón
con vuestras blancas coronas, ralas
de cordialidad. Sí. Vosotros, difuntos.

Dobla triste el dos de Noviembre.
Y la rama del presentimiento
se la muerde un carro que simplemente
rueda por la calle.

LXVII

Canta cerca el verano, y ambos
diversos erramos, al hombro
recodos, cedros, compases unípedos,
espatarrados en la sola recta inevitable.

Canta el verano y en aquellas paredes
endulzadas de marzo,
lloriquea, gusanea la arácnida acuarela
de la melancolía.

Cuadro enmarcado de trisado anélido, cuadro
que faltó en ese sitio para donde
pensamos que vendría el gran espejo ausente.
Amor, éste es el cuadro que faltó.

Mas, para qué me esforzaría
por dorar pajilla para tal encantada aurícula,
si, a espaldas de astros queridos,
se consiente el vacío, a pesar de todo.

Cuánta madre quedábase adentrada
siempre, en tenaz atavío de carbón, cuando
el cuadro faltaba, y para lo que crecería
al pie de ardua quebrada de mujer.

Así yo me decía: Si vendrá aquel espejo
que de tan esperado, ya pasa de cristal.
Me acababa la vida ¿para qué?
Me acababa la vida, para alzarnos

sólo de espejo a espejo.

LXVIII

Estamos a catorce de Julio.
Son las cinco de la tarde. Llueve en toda
una tercera esquina de papel secante.
Y llueve más de abajo ay para arriba.

Dos lagunas las manos avanzan
de diez en fondo,
desde un martes cenagoso que ha seis días
está en los lagrimales helado.

Se ha degollado una semana
con las más agudas caídas; hase hecho
todo lo que puede hacer miserable genial
en gran taberna sin rieles. Ahora estamos
bien, con esta lluvia que nos lava
y nos alegra y nos hace gracia suave.

Hemos a peso bruto caminado, y, de un solo
                    desafío,
blanqueó nuestra pureza de animales.
Y preguntamos por el eterno amor,
por el encuentro absoluto,
por cuanto pasa de aquí para allá.
Y respondimos desde dónde los míos no son los tuyos
desde qué hora el bordón, al ser portado,
sustenta y no es sustentado. (Neto.)

Y era negro, colgado en un rincón,
sin proferir ni jota, mi paletó,
a
t
o
d
a
s
t
A

LXIX

Qué nos buscas, oh mar, con tus volúmenes
docentes! Qué inconsolable, qué atroz
estás en la febril solana.

Con tus azadones saltas,
con tus hojas saltas,
hachando, hachando el loco sésamo,
mientras tornan llorando las olas, después
de descalcar los cuatro vientos
y todos los recuerdos, en labiados plateles
de tungsteno, contractos de colmillos
y estáticas eles quelonias.

Filosofía de alas negras que vibran
al medroso temblor de los hombros del día.

170

El mar, y una edición en pie,
en su única hoja el anverso
de cara al reverso.

LXX

Todos sonríen del desgaire con que voyme a fondo,
celular de comer bien y bien beber.

Los soles andan sin yantar? O hay quien
les da granos como a pajarillos? Francamente,
yo no sé de esto casi nada.

Oh piedra, almohada bienfaciente al fin. Amémonos los
vivos a los vivos, que a las buenas cosas muertas será
Cuánto tenemos que quererlas   [después.
y estrecharlas, cuánto. Amemos las actualidades, que
siempre no estaremos como estamos.
Que interinos Barrancos no hay en los esenciales cemen-
                                           [terios.

El porteo va en el alfar, a pico. La jornada nos da en el
cogollo, con su docena de escaleras, escaladas, en horizon-
tizante frustración de pies, por pávidas sandalias vacantes.

Y temblamos avanzar el paso, que no sabemos si damos
con el péndulo, o ya lo hemos cruzado.

LXXI

Serpea el sol en tu mano fresca,
y se derrama cauteloso en tu curiosidad.

Cállate. Nadie sabe que estás en mí,
toda entera. Cállate. No respires. Nadie
sabe mi merienda suculenta de unidad:
legión de oscuridades, amazonas de lloro.

171

Vanse los carros flagelados por la tarde,
y entre ellos los míos, cara atrás, a las riendas
fatales de tus dedos.
Tus manos y mis manos recíprocas se tienden
polos en guardia, practicando depresiones,
y sienes y costados.

Calla también, crepúsculo futuro,
y recógete a reír en lo íntimo, de este celo
de gallos ajisecos soberbiamente,
soberbiamente ennavajados
de cúpulas, de viudas mitades cerúleas.
Regocíjate, huérfano; bebe tu copa de agua
desde la pulpería de una esquina cualquiera.

LXXII

Lento salón en cono, te cerraron, te cerré.
aunque te quise, tú lo sabes,
y hoy de qué manos penderán tus llaves.

Desde estos muros derribamos los últimos
escasos pabellones que cantaban.
Los verdes han crecido. Veo labriegos trabajando,
los cerros llenos de triunfo.
Y el mes y medio transcurrido alcanza
para una mortaja, hasta demás.

Salón de cuatro entradas y sin una salida,
hoy que has honda murria, te hablo
por tus seis dialectos enteros.
Ya ni he de violentarme a que me seas,
de para nunca; ya no saltaremos
ningún otro portillo querido.

Julio estaba entonces de nueve. Amor
contó en sonido impar. Y la dulzura
dio para toda la mortaja, hasta demás.

LXXIII

Ha triunfado otro ay. La verdad está allí.
Y quien tal actúa ¿no va a saber
amaestrar excelentes digitígrados
para el ratón. ¿Sí... No...?

Ha triunfado otro ay y contra nadie.
Oh exósmosis de agua químicamente pura.
Ah míos australes. Oh nuestros divinos.
               Tengo pues derecho
a estar verde y contento y peligroso, y a ser
el cincel, miedo del bloque basto y vasto;
a meter la pata y a la risa.

Absurdo, sólo tú eres puro.
Absurdo, este exceso sólo ante ti se
suda de dorado placer.

LXXIV

Hubo un día tan rico el año pasado...!
que ya ni sé qué hacer con él.

Severas madres guías al colegio,
asedian las reflexiones, y nosotros enflechamos
la cara apenas. Para ya tarde saber
que en aquello gozna la travesura
y se rompe la sien.
Qué día el del año pasado,
que ya ni sé qué hacer con él,
rota la sien y todo.

Por esto nos separarán,
por eso y para ya no hagamos mal.
Y las reflexiones técnicas aún dicen
¿no las vas a oír?

173

que dentro de dos gráfilas oscuras y aparte,
por haber sido niños y también
por habernos juntado mucho en la vida,
reclusos para siempre nos irán a encerrar.

Para que te compongas.

LXXV

Estáis muertos.

Qué extraña manera de estarse muertos. Quinquiera
diría no lo estáis. Pero, en verdad, estáis muertos.

Flotáis nadamente detrás de aquesa membrana que,
péndula del zenit al nadir, viene y va de crepúsculo a
crepúsculo, vibrando ante la sonora caja de una herida
que a vosotros no os duele. Os digo, pues, que la vida
está en el espejo, y que vosotros sois el original, la
muerte.

Mientras la onda va, mientras la onda viene, cuán im-
punemente se está uno muerto. Sólo cuando las aguas se
quebrantan en los bordes enfrentados y se doblan y do-
blan, entonces os transfiguráis y creyendo morir, percibís
la sexta cuerda que ya no es vuestra.

Estáis muertos, no habiendo antes vivido jamás. Quien-
quiera diría que, no siendo ahora, en otro tiempo fuis-
teis. Pero, en verdad, vosotros sois los cadáveres de una
vida que nunca fue. Triste destino. El no haber sido sino
muertos siempre. El ser hoja seca sin haber sido verde
jamás. Orfandad de orfandades.

Y sinembargo, los muertos no son, no pueden ser ca-
dáveres de una vida que todavía no han vivido. Ellos
murieron siempre de vida.

Estáis muertos.

174

LXXVI

De la noche a la mañana voy
sacando lengua a las más mudas equis.

En nombre de esa pura
que sabía mirar hasta ser 2.

En nombre de que la fui extraño,
llave y chapa muy diferentes.

En nombre della que no tuvo voz
ni voto, cuando se dispuso
esta su suerte de hacer.

Ebullición de cuerpos, sinembargo,
aptos; ebullición que siempre
tan sólo estuvo a 99 burbujas.

¡Remates, esposados en naturaleza,
de dos días que no se juntan,
que no se alcanzan jamás!

LXXVII

Graniza tánto, como para que yo recuerde
y acreciente las perlas
que he recogido del hocico mismo
de cada tempestad.

No se vaya a secar esta lluvia.
A menos que me fuese dado
caer ahora para ella, o que me enterrasen
mojado en el agua
que surtiera de todos los fuegos.

¿Hasta dónde me alcanzará esta lluvia?
Temo me quede con algún flanco seco;
temo que ella se vaya, sin haberme probado
en las sequías de increíbles cuerdas vocales,
por las que,
para dar armonía,
hay siempre que subir ¡nunca bajar!
¿No subimos acaso para abajo?

Canta, lluvia, en la costa aún sin mar!

POEMAS EN PROSA

El buen sentido

Hay, madre, un sitio en el mundo, que se llama París.
Un sitio muy grande y lejano y otra vez grande.

Mi madre me ajusta el cuello del abrigo, no porque
empieza a nevar, sino para que empiece a nevar.

La mujer de mi padre está enamorada de mí, vinien-
do y avanzando de espaldas a mi nacimiento y de pecho
a mi muerte. Que soy dos veces suyo: por el adiós y por
el regreso. La cierro, al retornar. Por eso me dieran tánto
sus ojos, justa de mí, in fraganti de mí, aconteciéndose
por obras terminadas, por pactos consumados.

Mi madre está confesa de mí, nombrada de mí. ¿Cómo
no da otro tanto a mis otros hermanos? A Víctor, por
ejemplo, el mayor, que es tan viejo ya, que las gentes
dicen: ¡Parece hermano menor de su madre! ¡Fuere por-
que yo he viajado mucho! ¡Fuere porque yo he vivido más!

Mi madre acuerda carta de principio colorante a mis
relatos de regreso. Ante mi vida de regreso, recordando
que viajé durante dos corazones por su vientre, se rubo-
riza y se queda mortalmente lívida, cuando digo, en el
tratado del alma: Aquella noche fui dichoso. Pero, más
se pone triste; más se pusiera triste.

179

—Hijo, ¡cómo estás viejo!

Y desfila por el color amarillo a llorar, porque me halla envejecido, en la hoja de espada, en la desembocadura de mi rostro. Llora de mí, se entristece de mí. ¿Qué falta hará mi mocedad, si siempre seré su hijo? ¿Por qué las madres se duelen de hallar envejecidos a sus hijos, si jamás la edad de ellos alcanzará a la de ellas? ¿Y por qué, si los hijos, cuanto más se acaban, más se aproximan a los padres? ¡Mi madre llora por que estoy viejo de mi tiempo y porque nunca llegaré a envejecer del suyo!

Mi adiós partió de un punto de su ser, más externo que el punto de su ser al que retorno. Soy, a causa del excesivo plazo de mi vuelta, más el hombre ante mi madre que el hijo ante mi madre. Allí reside el candor que hoy nos alumbra con tres llamas. Le digo entonces hasta que me callo:

—Hay, madre, en el mundo un sitio que se llama París. Un sitio muy grande y muy lejano y otra vez grande.

La mujer de mi padre, al oírme, almuerza y sus ojos mortales descienden suavemente por mis brazos.

La violencia de las horas

Todos han muerto.

Murió doña Antonia, la ronca, que hacía pan barato en el burgo.

Murió el cura Santiago, a quien placía le saludasen los jóvenes y las mozas, respondiéndoles a todos, indistintamente: «Buenos días, José! Buenos días, María!»

Murió aquella joven rubia, Carlota, dejando un hijito de meses, que luego también murió a los ocho días de la madre.

Murió mi tía Albina, que solía cantar tiempos y modos de heredad, en tanto cosía en los corredores, para Isidora, la criada de oficio, la honrosísima mujer.

Murió un viejo tuerto, su nombre no recuerdo, pero dormía al sol de la mañana, sentado ante la puerta del hojalatero de la esquina.

Murió Rayo, el perro de mi altura, herido de un balazo de no se sabe quién.

Murió Lucas, mi cuñado en la paz de las cinturas, de quien me acuerdo cuando llueve y no hay nadie en mi experiencia.

Murió en mi revólver mi madre, en mi puño mi hermana y mi hermano en mi víscera sangrienta, los tres ligados por un género triste de tristeza, en el mes de agosto de años sucesivos.

Murió el músico Méndez, alto y muy borracho, que solfeaba en su clarinete tocatas melancólicas, a cuyo articulado se dormían las gallinas de mi barrio, mucho antes de que el sol se fuese.

Murió mi eternidad y estoy velándola.

Lánguidamente su licor

Tendríamos ya una edad misericordiosa, cuando mi padre ordenó nuestro ingreso a la escuela. Cura de amor, una tarde lluviosa de febrero, mamá servía en la cocina el yantar de oración. En el corredor de abajo, estaban sentados a la mesa mi padre y mis hermanos mayores. Y mi madre iba sentada al pie del mismo fuego del hogar. Tocaron a la puerta.

— Tocan a la puerta! —mi madre.

— Tocan a la puerta! —mi propia madre.

— Tocan a la puerta! —dijo toda mi madre, tocándose las entrañas a trastes infinitos, sobre toda la altura de quien viene.

—Anda, Nativa, la hija, a ver quién viene.

Y, sin esperar la venia maternal, fuera Miguel, el hijo, quien salió a ver quién venía así, oponiéndose a lo ancho de nosotros.

Un tiempo de rúa contuvo a mi familia. Mamá salió, avanzando inversamente y como si hubiera dicho: *las partes*. Se hizo patio afuera. Nativa lloraba de una tal visita, de un tal patio y de la mano de mi madre. Entonces y cuando, dolor y paladar techaron nuestras frentes.

—Porque no le dejé que saliese a la puerta, —Nativa, la hija,— me ha echado Miguel al pavo. A su pavo.

¡Qué diestra de subprefecto, la diestra del padrE, revelando, el hombre, las falanjas filiales del niño! Podía así otorgarle la ventura que el hombre deseara más tarde. Sin embargo:

—Y mañana, a la escuela, —disertó magistralmente el padre, ante el público semanal de sus hijos.

—Y tal, la ley, la causa de la ley. Y tal también la vida.

Mamá debió llorar, gimiendo apenas la madre. Ya nadie quiso comer. En los labios del padre cupo, para salir rompiéndose, una fina cuchara que conozco. En las fraternas bocas, la absorta amargura del hijo, quedó atravesada.

Más, luego, de improviso, salió de un albañal de aguas llovedizas y de aquel mismo patio de la visita mala, una gallina, no ajena ni ponedora, sino brutal y negra. Cloqueaba en mi garganta. Fue una gallina vieja, maternalmente viuda de unos pollos que no llegaron a incubarse. Origen olvidado de ese instante, la gallina era viuda de sus hijos. Fueran hallados vacíos todos los huevos. La clueca después tuvo el verbo.

Nadie la espantó. Y de espantarla, nadie dejó arrullarse por su gran calofrío maternal.

—¿Dónde están los hijos de la gallina vieja?

—¿Dónde están los pollos de la gallina vieja?

¡Pobrecitos! ¡Dónde estarían!

El momento más grave de la vida

Un hombre dijo:

—El momento más grave de mi vida estuvo en la batalla del Marne, cuando fui herido en el pecho.

Otro hombre dijo:

—El momento más grave de mi vida, ocurrió en un maremoto de Yokohama, del cual salvé milagrosamente, refugiado bajo el alero de una tienda de lacas.

Y otro hombre dijo:

—El momento más grave de mi vida acontece cuando duermo de día.

Y otro dijo:

—El momento más grave de mi vida ha estado en mi mayor soledad.

Y otro dijo:

—El momento más grave de mi vida fue mi prisión en una cárcel del Perú.

Y otro dijo:

—El momento más grave de mi vida es el haber sorprendido de perfil a mi padre.

Y el último hombre dijo:

—El momento más grave de mi vida no ha llegado todavía.

Las ventanas se han estremecido...

Las ventanas se han estremecido, elaborando una metafísica del universo. Vidrios han caído. Un enfermo lanza su queja: la mitad por su boca lenguada y sobrante, y toda entera, por el ano de su espalda.

Es el huracán. Un castaño del jardín de las Tullerías habráse abatido, al soplo del viento, que mide ochenta metros por segundo. Capiteles de los barrios antiguos, habrán caído, hendiendo, matando.

¿De qué punto interrogo, oyendo a ambas riberas de los océanos, de qué punto viene este huracán, tan digno de crédito, tan honrado de deuda, derecho a las ventanas del hospital? Ay las direcciones inmutables, que oscilan entre el huracán y esta pena directa de toser o defecar! Ay! las direcciones inmutables, que así prenden muerte en las entrañas del hospital y despiertan células clandestinas a deshora, en los cadáveres.

¿Qué pensaría de sí el enfermo de enfrente, ése que está durmiendo, si hubiera percibido el huracán? El pobre duerme, boca arriba, a la cabeza de su morfina, a los pies de toda su cordura. Un adarme más o menos en la dosis y le llevarán a enterrar, el vientre roto, la boca arriba, sordo el huracán, sordo a su vientre roto, ante el cual suelen los médicos dialogar y cavilar largamente, para, al fin, pronunciar sus llanas palabras de hombres.

La familia rodea al enfermo agrupándose ante sus sienes regresivas, indefensas, sudorosas. Ya no existe hogar sino en torno al velador del pariente enfermo, donde montan guardia impaciente, sus zapatos vacantes, sus cruces de repuesto, sus píldoras de opio. La familia rodea la mesita por espacio de un alto dividendo. Una mujer acomoda en el borde de la mesa, la taza, que casi se ha caído.

Ignoro lo que será del enfermo esta mujer, que le besa y no puede sanarle con el beso, le mira y no puede sanarle con los ojos, le habla y no puede sanarle con el verbo. ¿Es su madre? ¿Y cómo, pues, no puede sanarle? ¿Es su amada? ¿Y cómo, pues, no puede sanarle? ¿Es su hermana? ¿Y cómo, pues, no puede sanarle? ¿Es, simplemente, una mujer? ¿Y cómo, pues, no puede sanarle? Porque esta mujer le ha besado, le ha mirado, le ha hablado y hasta le ha cubierto mejor el cuello al enfermo y ¡cosa verdaderamente asombrosa! no le ha sanado.

El paciente contempla su calzado vacante. Traen queso. Llevan tierra. La muerte se acuesta al pie del lecho, a dormir en sus tranquilas aguas y se duerme. Entonces, los libres pies del hombre enfermo, sin menudencias ni pormenores innecesarios, se estiran en acento circunflejo, y se alejan, en una extensión de los cuerpos de novios, del corazón.

El cirujano ausculta a los enfermos horas enteras. Hasta donde sus manos cesan de trabajar y empiezan a jugar,

185

las lleva a tientas, rozando la piel de los pacientes, en tanto sus párpados científicos vibran, tocados por la indocta, por la humana flaqueza del amor. Y he visto a esos enfermos morir precisamente del amor desdoblado del cirujano, de los largos diagnósticos, de las dosis exactas, del riguroso análisis de orinas y excrementos. Se rodeaba de improviso un lecho con un biombo. Médicos y enfermeros cruzaban delante del ausente, pizarra triste y próxima, que un niño llenara de números, en un gran monismo de pálidos miles. Cruzaban así, mirando a los otros, como si más irreparable fuese morir de apendicitis o neumonía, y no morir al sesgo del paso de los hombres.

Sirviendo a la causa de la religión, vuela con éxito esta mosca, a lo largo de la sala. A la hora de la visita de los cirujanos, sus zumbidos nos perdonan el pecho, ciertamente, pero desarrollándose luego, se adueñan del aire, para saludar con genio de mudanza, a los que van a morir. Unos enfermos oyen a esa mosca hasta durante el dolor y de ellos depende, por eso, el linaje del disparo, en las noches tremebundas.

¿Cuánto tiempo ha durado la anestesia, que llaman los hombres? ¡Ciencia de Dios, Teodicea! si se me echa a vivir en tales condiciones, anestesiado totalmente, volteada mi sensibilidad para adentro! ¡Ah doctores de las sales, hombres de las esencias, prójimos de las bases! Pido se me deje con mi tumor de conciencia, con mi irritada lepra sensitiva, ocurra lo que ocurra aunque me muera! Dejadme dolerme, si lo queréis, mas dejadme despierto de sueño, con todo el universo metido, aunque fuese a las malas, en mi temperatura polvorosa.

En el mundo de la salud perfecta, se reirá por esta perspectiva en que padezco; pero, en el mismo plano y cortando la baraja del juego, percute aquí otra risa de contrapunto.

En la casa del dolor, la queja asalta síncopes de gran compositor, golletes de carácter, que nos hacen cosquillas de verdad, atroces, arduas, y, cumpliendo lo prometido, nos hielan de espantosa incertidumbre.

En la casa del dolor, la queja arranca frontera excesiva. No se reconoce en esta queja de dolor, a la propia queja de la dicha en éxtasis, cuando el amor y la carne se eximen de azor y cuando, al regresar, hay discordia bastante para el diálogo.

¿Dónde está, pues, el otro flanco de esta queja de dolor, si, a estimarla en conjunto, parte ahora del lecho de un hombre? De la casa del dolor parten quejas tan sordas e inefables y tan colmadas de tanta plenitud que llorar por ellas sería poco, y sería ya mucho sonreír.

Se atumulta la sangre en el termómetro.

¡No es grato morir, señor, si en la vida nada se deja y si en la muerte nada es posible, sino sobre lo que se deja en la vida! ¡No es grato morir, señor, si en la vida nada se deja y si en la muerte nada es posible, sino sobre lo que se deja en la vida! ¡No es grato morir, señor, si en la vida nada se deja y si en la muerte nada es posible, sino sobre lo que pudo dejarse en la vida!

Voy a hablar de la esperanza

Yo no sufro este dolor como César Vallejo. Yo no me duelo ahora como artista, como hombre ni como simple ser vivo siquiera. Yo no sufro este dolor como católico, como mahometano ni como ateo. Hoy sufro solamente. Si no me llamase César Vallejo, también sufriría este mismo dolor. Si no fuese artista, también lo sufriría. Si no fuese hombre ni ser vivo siquiera, también lo sufriría. Si no fuese católico, ateo ni mahometano, también lo sufriría. Hoy sufro desde más abajo. Hoy sufro solamente.

Me duelo ahora sin explicaciones. Mi dolor es tan hondo, que no tuvo ya causa ni carece de causa. ¿Qué sería su causa? ¿Dónde está aquello tan importante, que dejase de ser su causa? Nada es su causa; nada ha podido dejar de ser su causa. ¿A qué ha nacido este dolor, por sí mismo? Mi dolor es del viento del norte y del viento del sur, como esos huevos neutros que algunas aves raras ponen del viento. Si hubiera muerto mi novia, mi dolor sería igual. Si la vida fuese, en fin, de otro modo, mi dolor sería igual. Hoy sufro desde más arriba. Hoy sufro solamente.

Miro el dolor del hambriento y veo que su hambre anda tan lejos de mi sufrimiento, que de quedarme ayuno hasta morir, saldría siempre de mi tumba una brizna de yerba al menos. Lo mismo el enamorado. ¡Qué sangre la suya más engendrada, para la mía sin fuente ni consumo!

Yo creía hasta ahora que todas las cosas del universo eran, inevitablemente, padres o hijos. Pero he aquí que mi dolor de hoy no es padre ni es hijo. Le falta espalda para anochecer, tanto como le sobra pecho para amanecer y si lo pusiesen en la estancia oscura, no daría luz y si lo pusiesen en una estancia luminosa, no echaría sombra. Hoy sufro suceda lo que suceda. Hoy sufro solamente.

Hallazgo de la vida

¡Señores! Hoy es la primera vez que me doy cuenta de la presencia de la vida. ¡Señores! Ruego a ustedes dejarme libre un momento, para saborear esta emoción formidable, espontánea y reciente de la vida, que hoy, por la primera vez, me extasía y me hace dichoso hasta las lágrimas.

188

Mi gozo viene de lo inédito de mi emoción. Mi exultación viene de que antes no sentí la presencia de la vida. No la he sentido nunca. Miente quien diga que la he sentido. Miente y su mentira me hiere a tal punto que me haría desgraciado. Mi gozo viene de mi fe en este hallazgo personal de la vida, y nadie puede ir contra esta fe. Al que fuera, se le caería la lengua, se le caerían los huesos y correría el peligro de recoger otros, ajenos, para mantenerse de pie ante mis ojos.

Nunca, sino ahora, ha habido vida. Nunca, sino ahora, han pasado gentes. Nunca, sino ahora, ha habido casas y avenidas, aire y horizonte. Si viniese ahora mi amigo Peyriet, le diría que yo no le conozco y que debemos empezar de nuevo. ¿Cuándo, en efecto, le he conocido a mi amigo Peyriet? Hoy sería la primera vez que nos conocemos. Le diría que se vaya y regrese y entre a verme, como si no me conociera, es decir, por la primera vez.

Ahora yo no conozco a nadie ni nada. Me advierto en un país extraño, en el que todo cobra relieve de nacimiento, luz de epifanía inmarcesible. No, señor. No hable usted a ese caballero. Usted no lo conoce y le sorprendería tan inopinada parla. No ponga usted el pie sobre esa piedrecilla; quién sabe no es piedra y vaya usted a dar en el vacío. Sea usted precavido, puesto que estamos en un mundo absolutamente inconocido.

¡Cuán poco tiempo he vivido! Mi nacimiento es tan reciente, que no hay unidad de medida para contar mi edad. ¡Si acabo de nacer! ¡Si aún no he vivido todavía! Señores: soy tan pequeñito, que el día apenas cabe en mí.

Nunca, sino ahora, oí el estruendo de los carros, que cargan piedras para una gran construcción del boulevard Haussmann. Nunca, sino ahora, avancé paralelamente a la primavera, diciéndola: «Si la muerte hubiera sido otra...» Nunca, sino ahora, vi la luz áurea del sol sobre las cúpulas del Sacré-Coeur. Nunca, sino ahora, se me acercó un niño y me miró hondamente con su boca. Nunca, sino ahora, supe que existía una puerta, otra puerta y el canto cordial de las distancias.

¡Dejadme! La vida me ha dado ahora en toda mi muerte.

Nómina de huesos

Se pedía a grandes voces:

—Que muestre las dos manos a la vez.
  Y esto no fue posible.

—Que, mientras llora, le tomen la medida de sus pasos.
  Y esto no fue posible.

—Que piense un pensamiento idéntico, en el tiempo en que un cero permanece inútil.
  Y esto no fue posible.

—Que haga una locura.
  Y esto no fue posible.

—Que entre él y otro hombre semejante a él, se interponga una muchedumbre de hombres como él.
  Y esto no fue posible.

—Que le comparen consigo mismo.
  Y esto no fue posible.

—Que le llamen, en fin, por su nombre.
  Y esto no fue posible.

190

Una mujer...

Una mujer de senos apacibles, ante los que la lengua de la vaca resulta una glándula violenta. Un hombre de templanza, mandibular de genio, apto para marchar de dos a dos con los goznes de los cofres. Un niño está al lado del hombre, llevando por el revés, el derecho animal de la pareja.

¡Oh la palabra del hombre, libre de adjetivos y de adverbios, que la mujer declina en su único caso de mujer, aun entre las mil voces de la Capilla Sixtina! ¡Oh la falda de ella, en el punto maternal donde pone el pequeño las manos y juega a los pliegues, haciendo a veces agrandar las pupilas de la madre, como en las sensaciones de los confesionarios!

Yo tengo mucho gusto de ver así al Padre, al Hijo y al Espiritusanto, con todos los emblemas e insignias de sus cargos.

No vive ya nadie...

—No vive ya nadie en la casa —me dices—; todos se han ido. La sala, el dormitorio, el patio, yacen despoblados. Nadie ya queda, pues, que todos han partido.

Y yo te digo: Cuando alguien se va, alguien queda. El punto por donde pasó un hombre, ya no está solo. Unicamente está solo, de soledad humana, el lugar por donde ningún hombre ha pasado. Las casas nuevas están más muertas que las viejas, por que sus muros son de piedra o de acero, pero no de hombres. Una casa viene al mundo, no cuando la acaban de edificar, sino cuando empiezan a habitarla. Una casa vive únicamente de hombres, como una tumba. De aquí esa irresistible semejanza que hay entre una casa y una tumba. Sólo que la casa se nutre de la muerte del hombre. Por eso la primera está de pie, mientras que la segunda está tendida.

Todos han partido de la casa, en realidad, pero todos se han quedado en verdad. Y no es el recuerdo de ellos lo que queda, sino ellos mismos. Y no es tampoco que ellos queden en la casa, sino que continúan por la casa. Las funciones y los actos se van de la casa en tren o en avión o a caballo, a pie o arrastrándose. Lo que continúa en la casa es el órgano, el agente en gerundio y en círculo. Los pasos se han ido, los besos, los perdones, los crímenes. Lo que continúa en la casa es el pie, los labios, los ojos, el corazón. Las negaciones y las afirmaciones, el bien y el mal, se han dispersado. Lo que continúa en la casa, es el sujeto del acto.

Existe un mutilado...

Existe un mutilado, no de un combate sino de un abrazo, no de la guerra sino de la paz. Perdió el rostro en el amor y no en el odio. Lo perdió en el curso normal de la vida y no en un accidente. Lo perdió en el orden de la naturaleza y no en el desorden de los hombres. El coronel Piccot, Presidente de «Les Gueules Cassées», lleva la boca comida por la pólvora de 1914. Este mutilado que conozco, lleva el rostro comido por el aire inmortal e inmemorial.

Rostro muerto sobre el tronco vivo. Rostro yerto y pegado con clavos a la cabeza viva. Este rostro resulta ser el dorso del cráneo, el cráneo del cráneo. Vi una vez un árbol darme la espalda y vi otra vez un camino que me daba la espalda. Un árbol de espaldas sólo crece en los lugares donde nunca nació ni murió nadie. Un camino de espaldas sólo avanza por los lugares donde ha habido

192

todas las muertes y ningún nacimiento. El mutilado de la paz y del amor, del abrazo y del orden y que lleva el rostro muerto sobre el tronco vivo, nació a la sombra de un árbol de espaldas y su existencia trascurre a lo largo de un camino de espaldas.

Como el rostro está yerto y difunto, toda la vida psíquica, toda la expresión animal de este hombre, se refugia, para traducirse al exterior, en el peludo cráneo, en el tórax y en las extremidades. Los impulsos de su ser profundo, al salir, retroceden del rostro y la respiración, el olfato, la vista, el oído, la palabra, el resplandor humano de su ser, funcionan y se expresan por el pecho, por los hombros, por el cabello, por las costillas, por los brazos y las piernas y los pies.

Mutilado del rostro, tapado del rostro, cerrado del rostro, este hombre, no obstante, está entero y nada le hace falta. No tiene ojos y ve y llora. No tiene narices y huele y respira. No tiene oídos y escucha. No tiene boca y habla y sonríe. No tiene frente y piensa y se sume en sí mismo. No tiene mentón y quiere y subsiste. Jesús conocía al mutilado de la función, que tenía ojos y no veía y tenía orejas y no oía. Yo conozco al mutilado del órgano, que ve sin ojos y oye sin orejas.

Algo te identifica...

Algo te identifica con el que se aleja de ti, y es la facultad común de volver: de ahí tu más grande pesadumbre.

Algo te separa del que se queda contigo, y es la esclavitud común de partir: de ahí tus más nimios regocijos.

Me dirijo, en esta forma, a las individualidades colectivas, tanto como a las colectividades individuales y a los que, entre unas y otras, yacen marchando al son de las fronteras o, simplemente, marcan el paso inmóvil en el borde del mundo.

Algo típicamente neutro, de inexorablemente neutro, interpónese entre el ladrón y su víctima. Esto, así mismo, puede discernirse tratándose del cirujano y del paciente. Horrible medialuna, convexa y solar, cobija a unos y otros. Porque el objeto hurtado tiene también su peso indiferente, y el órgano intervenido, también su grasa triste.

¿Qué hay de más desesperante en la tierra, que la imposibilidad en que se halla el hombre feliz de ser infortunado y el hombre bueno, de ser malvado?

¡Alejarse! ¡Quedarse! ¡Volver! ¡Partir! Toda la mecánica social cabe en estas palabras.

Cesa el anhelo...

Cesa el anhelo, rabo al aire. De súbito, la vida amputa, en seco. Mi propia sangre me salpica en líneas femeninas, y hasta la misma urbe sale a ver esto que se pára de improviso.

—Qué ocurre aquí, en este hijo del hombre? —clama la urbe, y en una sala del Louvre, un niño llora de terror a la vista del retrato de otro niño.

—Qué ocurre aquí, en este hijo de mujer? —clama la urbe, y a una estatua del siglo de los Ludovico, le nace una brizna de yerba en plena palma de la mano.

Cesa el anhelo, a la altura de la mano enarbolada. Y yo me escondo detrás de mí mismo, a aguaitarme si paso por lo bajo o merodeo en alto.

194

¡Cuatro conciencias...

¡Cuatro conciencias
simultáneas enrédanse en la mía!
¡Si vierais cómo ese movimiento
apenas cabe ahora en mi conciencia!
¡Es aplastante! Dentro de una bóveda
pueden muy bien
adosarse, ya internas o ya externas,
segundas bóvedas, mas nunca cuartas;
mejor dicho, sí,
mas siempre y, a lo sumo, cual segundas.
No puedo concebirlo; es aplastante
Vosotros mismos a quienes inicio en la noción
de estas cuatro conciencias simultáneas,
enredadas en una sola, apenas os tenéis
de pie ante mi cuadrúpedo intensivo.
¡Y yo que le entrevisto (Estoy seguro)!

Entre el dolor y el placer...

Entre el dolor y el placer median tres criaturas,
de las cuales la una mira a un muro,
la segunda usa de ánimo triste
y la tercera avanza de puntillas;
pero, entre tú y yo,
sólo existen segundas criaturas.

Apoyándose en mi frente, el día
conviene en que, de veras,
hay mucho de exacto en el espacio;
pero, si la dicha, que, al fin, tiene un tamaño,
principia ¡ay! por mi boca,
¿quién me preguntará por mi palabra?

Al sentido instantáneo de la eternidad
corresponde

este encuentro investido de hilo negro,
pero a tu despedida temporal,
tan sólo corresponde lo inmutable,
tu criatura, el alma, mi palabra.

En el momento en que el tenista...

En el momento en que el tenista lanza magistralmente
su bala, le posee una inocencia totalmente animal;
en el momento
en que el filósofo sorprende una nueva verdad,
es una bestia completa.
Anatole France afirmaba
que el sentimiento religioso
es la función de un órgano especial del cuerpo humano,
hasta ahora ignorado y se podría
decir también, entonces,
que, en el momento exacto en que un tal órgano
funciona plenamente,
tan puro de malicia está el creyente,
que se diría casi un vegetal.
¡Oh alma! ¡Oh pensamiento! ¡Oh Marx! ¿O Feüerbach!

Me estoy riendo

Un guijarro, uno solo, el más bajo de todos,
controla
a todo el médano aciago y faraónico.

El aire adquiere tensión de recuerdo y de anhelo,
y bajo el sol se calla
hasta exigir el cuello a las pirámides.

Sed. Hidratada melancolía de la tribu errabunda,
gota
a
gota
del siglo al minuto.

Son tres Treses paralelos,
barbados de barba inmemorial,
en marcha   3   3   3

Es el tiempo este anuncio de gran zapatería,
es el tiempo, que marcha descalzo
de la muerte   hacia   la muerte.

He aquí que hoy saludo...

He aquí que hoy saludo, me pongo el cuello y vivo,
superficial de pasos insondables de plantas.
Tal me recibo de hombre, tal más bien me despido
y de cada hora mía retoña una distanciA.

¿Queréis más? encantado.
Políticamente, mi palabra
emite cargos contra mi labio inferior
y económicamente,
cuando doy la espalda a Oriente,
distingo en dignidad de muerte a mis visitas.

Desde ttttales códigos regulares saludo
al soldado desconocido
al verso perseguido por la tinta fatal
y al saurio que Equidista diariamente
de su vida y su muerte,
como quien no hace la cosa.

El tiempo tiene hun miedo ciempiés a los relojes.

(Los lectores pueden poner el título que quieran a este
poema)

Lomo de las sagradas escrituras

Sin haberlo advertido jamás exceso por turismo
y sin agencias
de pecho en pecho hacia la madre unánime.

Hasta París ahora vengo a ser hijo. Escucha
Hombre, en verdad te digo que eres el Hijo Eterno,
pues para ser hermano tus brazos son escasamente iguales
y tu malicia para ser padre, es mucha.

La talla de mi madre moviéndome por índole de movi-
                                                    [miento
y poniéndome serio, me llega exactamente al corazón:
pensando cuanto cayera de vuelo con mis tristes abuelos,
mi madre me oye en diámetro callándose en altura.

Mi metro está midiendo ya dos metros,
mis huesos concuerdan en género y en número
y el verbo encarnado habita entre nosotros
y el verbo encarnado habita al hundirse en el baño,
un alto grado de perfección.

POEMAS HUMANOS

Altura y pelos

¿Quién no tiene su vestido azul?
¿Quién no almuerza y no toma el tranvía,
con su cigarrillo contratado y su dolor de bolsillo?
¡Yo que tan sólo he nacido!
¡Yo que tan sólo he nacido!

¿Quién no escribe una carta?
¿Quién no habla de un asunto muy importante,
muriendo de costumbre y llorando de oído?
¡Yo que solamente he nacido!
¡Yo que solamente he nacido!

¿Quién no se llama Carlos o cualquier otra cosa?
¿Quién al gato no dice gato gato?
¡Ay, yo que sólo he nacido solamente!
¡Ay, yo que sólo he nacido solamente!

Yuntas

Completamente. Además, ¡vida!
Completamente. Además, ¡muerte!

Completamente. Además, ¡todo!
Completamente. Además, ¡nada!

Completamente. Además, ¡mundo!
Completamente. Además, ¡polvo!

Completamente. Además, ¡Dios!
Completamente. Además, ¡nadie!

Completamente. Además, ¡nunca!
Completamente. Además, ¡siempre!

Completamente. Además, ¡oro!
Completamente. Además, ¡humo!

Completamente. Además, lágrimas!
Completamente. Además, ¡risas!...

¡Completamente!

Un hombre está mirando a una mujer...

Un hombre está mirando a una mujer,
está mirándola inmediatamente,
con su mal de tierra suntuosa
y la mira a dos manos
y la tumba a dos pechos
y la mueve a dos hombres.

Pregúntome entonces, oprimiéndome
la enorme, blanca, acérrima costilla:
Y este hombre
¿no tuvo a un niño por creciente padre?
¿Y esta mujer, a un niño
por constructor de su evidente sexo?

Puesto que un niño veo ahora,
niño ciempiés, apasionado, enérgico;
veo que no le ven
sonarse entre los dos, colear, vestirse;
puesto que los acepto,
a ella en condición aumentativa,
a él en la flexión del heno rubio.

Y exclamo entonces, sin cesar ni uno
de vivir, sin volver ni uno
a temblar en la justa que venero:
¡Felicidad seguida
tardíamente del Padre,
del Hijo y de la Madre!
¡Instante redondo,
familiar, que ya nadie siente ni ama!
¡De qué deslumbramiento áfono, tinto,
se ejecuta el cantar de los cantares!
¡De qué tronco, el florido carpintero!
¡De qué perfecta axila, el frágil remo!
¡De qué casco, ambos cascos delanteros!

Primavera tuberosa

Esta vez, arrastrando briosa sus pobrezas
al sesgo de mi pompa delantera,
coteja su coturno con mi traspié sin taco,
la primavera exacta de picotón de buitre.

La perdí en cuanto tela de mis despilfarros,
juguéla en cuanto pomo de mi aplauso;
el termómetro puesto, puesto el fin, puesto el gusano,
contusa mi doblez del otro día,
aguardéla al arrullo de un grillo fugitivo
y despedíla uñoso, somático, sufrido.

Veces latentes de astro,
ocasiones de ser gallina negra,
entabló la bandida primavera
con mi chusma de aprietos,
con mis apocamientos en camisa,
mi derecho soviético y mi gorra.

Veces la del bocado lauríneo,
con símbolos, tabaco, mundo y carne,
deglución translaticia bajo palio,
al són de los testículos cantores;
talentoso torrente el de mi suave suavidad,
rebatible a pedradas, ganable con tan sólo suspirar...
Flora de estilo, plena,
citada en fangos de honor por rosas auditivas...
Respingo, coz, patada sencilla,
triquiñuela adorada... Cantan... Sudan...

Terremoto

¿Hablando de la leña, callo el fuego?
¿Barriendo el suelo, olvido el fósil?
Razonando,
¿mi trenza, mi corona de carne?
(Contesta, amado Hermenegildo, el brusco;
pregunta, Luis, el lento!)

¡Encima, abajo, con tamaña altura!
¡Madera, tras el reino de las fibras!
¡Isabel, con horizonte de entrada!
¡Lejos, al lado, astutos Atanacios!

¡Todo, la parte!
Unto a ciegas en luz mis calcetines,
en riesgo, la gran paz de este peligro,
y mis cometas, en la miel pensada,
el cuerpo, en miel llorada.

¡Pregunta, Luis; responde, Hermenegildo!
¡Abajo, arriba, al lado, lejos!
¡Isabel, fuego, diplomas de los muertos!
¡Horizonte, Atanacio, parte, todo!
¡Miel de miel, llanto de frente!
¡Reino de la madera,
corte oblicuo a la línea del camello,
fibra de mi corona de carne!

Sombrero, abrigo, guantes

Enfrente a la Comedia Francesa, está el Café
de la Regencia; en él hay una pieza
recóndita, con una butaca y una mesa.
Cuando entro, el polvo inmóvil se ha puesto ya de pie.

Entre mis labios hechos de jebe, la pavesa
de un cigarrillo humea, y en el humo se ve
dos humos intensivos, el tórax del Café,
y en el tórax, un óxido profundo de tristeza.

Importa que el otoño se injerte en los otoños,
importa que el otoño se integre de retoños,
la nube, de semestres; de pómulos, la arruga.

Importa oler a loco postulando
¡qué cálida es la nieve, qué fugaz la tortuga,
el cómo qué sencillo, qué fulminante el cuándo!

Hasta el día en que vuelva
de esta piedra...

Hasta el día en que vuelva, de esta piedra
nacerá mi talón definitivo,
con su juego de crímenes, su yedra,
su obstinación dramática, su olivo.

Hasta el día en que vuelva, prosiguiendo,
con franca rectitud de cojo amargo,
de pozo en pozo, mi periplo, entiendo
que el hombre ha de ser bueno, sin embargo.

Hasta el día en que vuelva y hasta que ande
el animal que soy, entre sus jueces,
nuestro bravo meñique será grande,
digno, infinito dedo entre los dedos.

Salutación angélica

Eslavo con respecto a la palmera,
alemán de perfil al sol, inglés sin fin,
francés en cita con los caracoles,
italiano ex profeso, escandinavo de aire,
español de pura bestia, tal el cielo
ensartado en la tierra por los vientos,
tal el beso del límite en los hombros.

Mas sólo tú demuestras, descendiendo
o subiendo del pecho, bolchevique,
tus trazos confundibles,
tu gesto marital,
tu cara de padre,
tus piernas de amado,
tu cutis por teléfono,
tu alma perpendicular
a la mía,
tus codos de justo
y un pasaporte en blanco en tu sonrisa.

Obrando por el hombre, en nuestras pausas,
matando, tú, a lo largo de tu muerte
y a lo ancho de un abrazo salubérrimo,
vi que cuando comías después, tenías gusto,
vi que en tus sustantivos creció yerba.

206

Yo quisiera, por eso,
tu calor doctrinal, frío y en barras,
tu añadida manera de mirarnos
y aquesos tuyos pasos metalúrgicos,
aquesos tuyos pasos de otra vida.

Y digo, bolchevique, tomando esta flaqueza
en su feroz linaje de exhalación terrestre:
hijo natural del bien y del mal
y viviendo talvez por vanidad, para que digan,
me dan tus simultáneas estaturas mucha pena,
puesto que tú no ignoras en quién se me hace tarde
en quién estoy callado y medio tuerto.   [diariamente,

Epístola a los transeúntes

Reanudo mi día de conejo,
mi noche de elefante en descanso.

Y, entre mí, digo:
ésta es mi inmensidad en bruto, a cántaros,
éste mi grato peso, que me buscara abajo para pájaro;
éste es mi brazo
que por su cuenta rehusó ser ala,
éstas son mis sagradas escrituras,
éstos mis alarmados compañones.

Lúgubre isla me alumbrará continental,
mientras el capitolio se apoye en mi íntimo derrumbe
y la asamblea en lanzas clausure mi desfile.

Pero cuando yo muera
de vida y no de tiempo,
cuando lleguen a dos mis dos maletas,
éste ha de ser mi estómago en que cupo mi lámpara
                                    [en pedazos,

ésta aquella cabeza que expió los tormentos del círculo en
[mis pasos,
éstos esos gusanos que el corazón contó por unidades,
éste ha de ser mi cuerpo solidario
por el que vela el alma individual; éste ha de ser
mi hombligo en que maté mis piojos natos,
ésta mi cosa cosa, mi cosa tremebunda.

En tanto, convulsiva, ásperamente
convalece mi freno,
sufriendo como sufro del lenguaje directo del león;
y, puesto que he existido entre dos potestades de ladrillo,
convalezco yo mismo, sonriendo de mis labios.

Los mineros salieron de la mina...

Los mineros salieron de la mina
remontando sus ruinas venideras,
fajaron su salud con estampidos
y, elaborando su función mental,
cerraron con sus voces
el socavón, en forma de síntoma profundo.

¡Era de ver sus polvos corrosivos!
¡Era de oír sus óxidos de altura!
Cuñas de boca, yunques de boca, aparatos de boca
(¡Es formidable!)

El orden de sus túmulos,
sus inducciones plásticas, sus respuestas corales,
agolpáronse al pie de ígneos percances
y airente amarillura conocieron los trístidos y tristes,
imbuidos
del metal que se acaba, del metaloide pálido y pequeño.

Craneados de labor,
y calzados de cuero de vizcacha
calzados de senderos infinitos,
y los ojos de físico llorar,
creadores de la profundidad,
saben, a cielo intermitente de escalera,
bajar mirando para arriba,
saben subir mirando para abajo.

¡Loor al antiguo juego de su naturaleza,
a sus insomnes órganos, a su saliva rústica!
¡Temple, filo y punta, a sus pestañas!
¡Crezcan la yerba, el liquen y la rana en sus adverbios!
¡Felpa de hierro a sus nupciales sábanas!
¡Mujeres hasta abajo, sus mujeres!
¡Mucha felicidad para los suyos!
¡Son algo portentoso, los mineros
remontando sus ruinas venideras,
elaborando su función mental
y abriendo con sus voces
el socavón, en forma de síntoma profundo!
¡Loor a su naturaleza amarillenta,
a su linterna mágica,
a sus cubos y rombos, a sus percances plásticos,
a sus ojazos de seis nervios ópticos
y a sus hijos que juegan en la iglesia
y a sus tácitos padres infantiles!
¡Salud, oh creadores de la profundidad!... (Es formidable.)

*Fue domingo en las claras orejas
de mi burro...*

Fue domingo en las claras orejas de mi burro,
de mi burro peruano en el Perú (Perdonen la tristeza)
Mas hoy ya son las once en mi experiencia personal,

experiencia de un solo ojo, clavado en pleno pecho,
de una sola burrada, clavada en pleno pecho,
de una sola burrada, clavada en pleno pecho,
de una sola hecatombe, clavada en pleno pecho.

Tal de mi tierra veo los cerros retratados,
ricos en burros, hijos de burros, padres hoy de vista,
que tornan ya pintados de creencias,
cerros horizontales de mis penas.

En su estatua, de espada,
Voltaire cruza su capa y mira el zócalo,
pero el sol me penetra y espanta de mis dientes incisivos
un número crecido de cuerpos inorgánicos.

Y entonces sueño en una piedra
verduzca, diecisiete,
peñasco numeral que he olvidado,
sonido de años en el rumor de aguja de mi brazo,
lluvia y sol en Europa, y ¡cómo toso! ¡cómo vivo!
¡cómo me duele el pelo al columbrar los siglos semanales!
y cómo, por recodo, mi ciclo microbiano,
quiero decir mi trémulo, patriótico peinado.

Telúrica y magnética

¡Mecánica sincera y peruanísima
la del cerro colorado!
¡Suelo teórico y práctico!
¡Surcos inteligentes; ejemplo: el monolito y su cortejo!
¡Papales, cebadales, alfalfares, cosa buena!
¡Cultivos que integra una asombrosa jerarquía de útiles
y que integran con viento los mujidos,
las aguas con su sorda antigüedad!

¡Cuaternarios maíces, de opuestos natalicios,
los oigo por los pies cómo se alejan,
los huelo retornar cuando la tierra
tropieza con la técnica del cielo!
¡Molécula ex abrupto! ¡Atomo terso!

¡Oh campos humanos!
¡Solar y nutricia ausencia de la mar,
y sentimiento oceánico de todo!
¡Oh climas encontrados dentro del oro, listos!
¡Oh campo intelectual de cordillera,
con religión, con campo, con patitos!
¡Paquidermos en prosa cuando pasan
y en verso cuando páranse!
¡Roedores que miran con sentimiento judicial en torno!
¡Oh patrióticos asnos de mi vida!
¡Vicuña, descendiente nacional y graciosa de mi mono!
¡Oh luz que dista apenas un espejo de la sombra,
que es vida con el punto y, con la línea, polvo
y que por eso acato, subiendo por la idea a mi osamenta!
¡Siega en época del dilatado molle,
del farol que colgaron de la sien
y del que descolgaron de la barreta espléndida!
¡Angeles de corral,
aves por un descuido de la cresta!
¡Cuya o cuy para comerlos fritos
con el bravo recoto de los templos!
(¿Cóndores? ¡Me friegan los cóndores!)
¡Leños cristianos en gracia
al tronco feliz y al tallo competente!
¡Familiar de los líquenes,
especies en formación basáltica que yo
respeto
desde este modestísimo papel!
¡Cuatro operaciones, os sustraigo
para salvar al roble y hundirlo en buena ley!
¡Cuestas en infraganti!
¡Auquénidos llorosos, almas mías!

¡Sierra de mi Perú, Perú del mundo,
y Perú al pie del orbe; yo me adhiero!
¡Estrellas matutinas si os aromo
quemando hojas de coca en este cráneo,
y cenitales, si destapo,
de un solo sombrerazo, mis diez templos!
¡Brazo de siembra, bájate, y a pie!
¡Lluvia a base del mediodía,
bajo el techo de tejas donde muerde
la infatigable altura
y la tórtola corta en tres su trino!
¡Rotación de tardes modernas
y finas madrugadas arqueológicas!
¡Indio después del hombre y antes de él!
¡Lo entiendo todo en dos flautas
y me doy a entender en una quena!
¡Y lo demás, me las pelan!...

Gleba

Con efecto mundial de vela que se enciende,
el prepucio directo, hombres a golpes,
funcionan los labriegos a tiro de neblina,
con alabadas barbas,
pie práctico y reginas sinceras de los valles.

Hablan como les vienen las palabras,
cambian ideas bebiendo
orden sacerdotal de una botella;
cambian también ideas tras de un árbol, parlando
de escrituras privadas, de la luna menguante
y de los ríos públicos! (Inmenso! Inmenso! Inmenso!)

Función de fuerza
sorda y de zarza ardiendo,
paso de palo,

212

gesto de palo,
acápites de palo,
la palabra colgando de otro palo.

De sus hombros arranca, carne a carne, la herramienta
[florecida,
de sus rodillas bajan ellos mismos por etapas hasta el cielo,
y, agitando
y
agitando sus faltas en forma de antiguas calaveras,
levantan sus defectos capitales con cintas,
su mansedumbre y sus
vasos sanguíneos, tristes, de jueces colorados.

Tienen su cabeza, su tronco, sus extremidades,
tienen su pantalón, sus dedos metacarpos y un palito;
para comer vistiéronse de altura
y se lavan la cara acariciándose con sólidas palomas.

Por cierto, aquestos hombres
cumplen años en los peligros,
echan toda la frente en sus salutaciones;
carecen de reloj, no se jactan jamás de respirar
y, en fin, suelen decirse: Allá, las putas, Luis Taboada,
[los ingleses;
allá ellos, allá ellos, allá ellos!

Pero antes que se acabe...

Pero antes que se acabe
toda esta dicha, piérdela atajándola,
tómale la medida, por si rebasa tu ademán; rebásala,
ve si cabe tendida en tu extensión.

213

Bien la sé por su llave,
aunque no sepa, a veces, si esta dicha
anda sola, apoyada en tu infortunio
o tañida, por sólo darte gusto, en tus falanjas.
Bien la sé única, sola,
de una sabiduría solitaria.

En tu oreja el cartílago está hermoso
y te escribo por eso, te medito:
No olvides en tu sueño de pensar que eres feliz,
que la dicha es un hecho profundo, cuando acaba,
pero al llegar, asume
un caótico aroma de asta muerta.

Silbando a tu muerte,
sombrero a la pedrada,
blanco, ladeas a ganar tu batalla de escaleras,
soldado del tallo, filósofo del grano, mecánico del sueño.
(¿Me percibes, animal?
¿me dejo comparar como tamaño?
No respondes y callado me miras
a través de la edad de tu palabra).

Ladeando así tu dicha, volverá
a clamarla tu lengua, a despedirla,
dicha tan desgraciada de durar.
Antes, se acabará violentamente,
dentada, pedernalina estampa,
y entonces oirás cómo medito
y entonces tocarás cómo tu sombra es ésta mía desvestida
y entonces olerás cómo he sufrido.

Piensan los viejos asnos

Ahora vestiríame
de músico por verle,
chocaría con su alma, sobándole el destino con mi mano,
le dejaría tranquilo, ya que es un alma a pausas,
en fin, le dejaría
posiblemente muerto sobre su cuerpo muerto.

Podría hoy dilatarse en este frío,
podría toser; le vi bostezar, duplicándose en mi oído
su aciago movimiento muscular.
Tal me refiero a un hombre, a su placa positiva
y, ¿por qué no? a su boldo ejecutante,
aquel horrible filamento lujoso;
a su bastón con puño de plata con perrito,
y a los niños
que él dijo eran sus fúnebres cuñados.

Por eso vestiríame hoy de músico,
chocaría con su alma que quedóse mirando a mi materia...

¡Mas ya nunca veréle afeitándose al pie de su mañana;
ya nunca, ya jamás, ya para qué!

¡Hay que ver! ¡qué cosa cosa!
¡qué jamás de jamases su jamás!

Hoy me gusta la vida mucho menos...

Hoy me gusta la vida mucho menos,
pero siempre me gusta vivir: ya lo decía.
Casi toqué la parte de mi todo y me contuve
con un tiro en la lengua detrás de mi palabra.

215

Hoy me palpo el mentón en retirada
y en estos momentáneos pantalones yo me digo:
¡Tánta vida y jamás!
¡Tántos años y siempre mis semanas!...
Mis padres enterrados con su piedra
y su triste estirón que no ha acabado;
de cuerpo entero hermanos, mis hermanos,
y, en fin, mi sér parado y en chaleco.

Me gusta la vida enormemente
pero, desde luego,
con mi muerte querida y mi café
y viendo los castaños frondosos de París
y diciendo:
Es un ojo éste, aquél; una frente ésta, aquélla... Y repi-
¡Tánta vida y jamás me falla la tonada!   [tiendo:
¡Tántos años y siempre, siempre, siempre!

Dije chaleco, dije
todo, parte, ansia, dije casi, por no llorar.
Que es verdad que sufrí en aquel hospital que queda
y está bien y está mal haber mirado   [al lado
de abajo para arriba mi organismo.

Me gustará vivir siempre, así fuese de barriga,
porque, como iba diciendo y lo repito,
¡tánta vida y jamás! ¡Y tántos años,
y siempre, mucho siempre, siempre siempre!

Confianza en el anteojo, no en el ojo...

Confianza en el anteojo, no en el ojo;
en la escalera, nunca en el peldaño;
en el ala, no en el ave
y en ti sólo, en ti sólo, en ti sólo.

216

Confianza en la maldad, nó en el malvado;
en el vaso, mas nunca en el licor;
en el cadáver, no en el hombre
y en ti sólo, en ti sólo, en ti sólo.

Confianza en muchos, pero ya no en uno;
en el cauce, jamás en la corriente;
en los calzones, no en las piernas
y en ti sólo, en ti sólo, en ti sólo.

Confianza en la ventana, no en la puerta;
en la madre, mas no en los nueve meses;
en el destino, no en el dado de oro,
y en ti sólo, en ti sólo, en ti sólo.

Dos niños anhelantes

No. No tienen tamaño sus tobillos; no es su espuela
suavísima, que da en las dos mejillas.
Es la vida no más, de bata y yugo.

No. No tiene plural su carcajada,
ni por haber salido de un molusco perpetuo, aglutinante,
ni por haber entrado al mar descalza,
es la que piensa y marcha, es la finita.
Es la vida no más; sólo la vida.

Lo sé, lo intuyo cartesiano, autómata,
moribundo, cordial, en fin, espléndido.
Nada hay
sobre la ceja cruel del esqueleto;
nada, entre lo que dio y tomó con guante
la paloma, y con guante,
la eminente lombriz aristotélica;
nada delante ni detrás del yugo;
nada de mar en el océano
y nada
en el orgullo grave de la célula.
Sólo la vida; así: cosa bravísima.

217

Plenitud inextensa,
alcance abstracto, venturoso, de hecho,
glacial y arrebatado, de la llama;
freno del fondo, rabo de la forma.

Pero aquello
para lo cual nací ventilándome
y crecí con afecto y drama propios,
mi trabajo rehúsalo,
mi sensación y mi arma lo involucran.
Es la vida y no más, fundada, escénica.

Y por este rumbo,
su serie de órganos extingue mi alma
y por este indecible, endemoniado cielo,
mi maquinaria da silbidos técnicos,
paso la tarde en la mañana triste
y me esfuerzo, palpito, tengo frío.

Otro poco de calma, camarada...

Otro poco de calma, camarada;
un mucho inmenso, septentrional, completo,
feroz, de calma chica,
al servicio menor de cada triunfo
y en la audaz servidumbre del fracaso.

Embriaguez te sobra, y no hay
tanta locura en la razón, como este
tu raciocinio muscular, y no hay
más racional error que tu experiencia.

Pero, hablándolo más claro
y pensándolo en oro, eres de acero,
a condición que no seas
tonto y rehúses
entusiasmarte por la muerte tánto
y por la vida, con tu sola tumba.

218

Necesario es que sepas
contener tu volumen sin correr, sin afligirte,
tu realidad molecular entera
y más allá, la marcha de tus vivas
y más acá, tus mueras legendarios.

Eres de acero, como dicen,
con tal que no tiembles y no vayas
a reventar, compadre
de mi cálculo, enfático ahijado
de mis sales luminosas!

Anda, no más; resuelve,
considera tu crisis, suma, sigue,
tájala, bájala, ájala;
el destino, las energías íntimas, los catorce
versículos del pan: ¡cuántos diplomas
y poderes, al borde fehaciente de tu arranque!
¡Cuánto detalle en síntesis, contigo!
¡Cuánta presión idéntica, a tus pies!
¡Cuánto rigor y cuánto patrocinio!

Es idiota
ese método de padecimiento,
esa luz modulada y virulenta,
si con sólo la calma haces señales
serias, características, fatales.

Vamos a ver, hombre;
cuéntame lo que me pasa,
que yo, aunque grite, estoy siempre a tus órdenes.

Esto...

Esto
sucedió entre dos párpados; temblé
en mi vaina, colérico, alcalino,
parado junto al lúbrico equinoccio,
al pie del frío incendio en que me acabo.

Resbalón alcalino, voy diciendo,
más acá de los ajos, sobre el sentido almíbar,
más adentro, muy más, de las herrumbres,
al ir el agua y al volver la ola.
Resbalón alcalino
también y grandemente, en el montaje colosal del cielo.

¡Qué venablos y harpones lanzaré, si muero
en mi vayna; daré en hojas de plátano sagrado
mis cinco huesecillos subalternos,
y en la mirada, la mirada misma!
(Dicen que en los suspiros se edifican
entonces acordeones óseos, táctiles;
dicen que cuando mueren así los que se acaban,
¡ay! mueren fuera del reloj, la mano
agarrada a un zapato solitario)

Comprendiéndolo y todo, coronel
y todo, en el sentido llorante de esta voz,
me hago doler yo mismo, extraigo tristemente,
por la noche, mis uñas;
luego no tengo nada y hablo solo,
reviso mis semestres
y para henchir mi vértebra, me toco.

Al cavilar en la vida, al cavilar...

Al cavilar en la vida, al cavilar
despacio en el esfuerzo del torrente,
alivia, ofrece asiento el existir,
condena a muerte;
envuelto en trapos blancos cae,
cae planetariamente
el clavo hervido en pesadumbre; cae!
(Acritud oficial, la de mi izquierda;
viejo bolsillo, en sí considerada, esta derecha).

220

¡Todo está alegre, menos mi alegría
y todo, largo, menos mi candor,
mi incertidumbre!
A juzgar por la forma, no obstante, voy de frente,
cojeando antiguamente,
y olvido por mis lágrimas mis ojos (Muy interesante)
y subo hasta mis pies desde mi estrella.

Tejo; de haber hilado, héme tejiendo.
Busco lo que me sigue y se me esconde entre arzobispos,
por debajo de mi alma y tras del humo de mi aliento.
Tal era la sensual desolación
de la cabra doncella que ascendía,
exhalando petróleos fatídicos
ayer domingo en que perdí mi sábado.

Tal es la muerte, con su audaz marido.

Quisiera hoy ser feliz de buena gana...

Quisiera hoy ser feliz de buena gana,
ser feliz y portarme frondoso de preguntas,
abrir por temperamento de par en par mi cuarto, como
y reclamar, en fin,   [loco,
en mi confianza física acostado,
sólo por ver si quieren,
sólo por ver si quieren probar de mi espontánea posición,
reclamar, voy diciendo,
por qué me dan así tánto en el alma.

Pues quisiera en sustancia ser dichoso,
obrar sin bastón, laica humildad, ni burro negro.
Así las sensaciones de este mundo,
los cantos subjuntivos,
el lápiz que perdí en mi cavidad
y mis amados órganos de llanto.

Hermano persuasible, camarada,
padre por la grandeza, hijo mortal,
amigo y contendor, inmenso documento de Darwin:
¿a qué hora, pues, vendrán con mi retrato?
¿A los goces? ¿Acaso sobre goce amortajado?
¿Más temprano? ¿Quién sabe, a las porfías?

A las misericordias, camarada,
hombre mío en rechazo y observación, vecino
en cuyo cuello enorme sube y baja,
al natural, sin hilo, mi esperanza...

Los nueve monstruos

I, desgraciadamente,
el dolor crece en el mundo a cada rato,
crece a treinta minutos por segundo, paso a paso,
y la naturaleza del dolor, es el dolor dos veces
y la condición del martirio, carnívora, voraz,
es el dolor dos veces
y la función de la yerba purísima, el dolor
dos veces
y el bien de sér, dolernos doblemente.

Jamás, hombres humanos,
hubo tánto dolor en el pecho, en la solapa, en la cartera,
en el vaso, en la carnicería, en la aritmética!
Jamás tánto cariño doloroso,
jamás tan cerca arremetió lo lejos,
jamás el fuego nunca
jugó mejor su rol de frío muerto!
Jamás, señor ministro de salud, fue la salud
más mortal
y la migraña extrajo tánta frente de la frente!
Y el mueble tuvo en su cajón, dolor,
el corazón, en su cajón, dolor,
la lagartija, en su cajón, dolor.

Crece la desdicha, hermanos hombres,
más pronto que la máquina, a diez máquinas, y crece
con la res de Rousseau, con nuestras barbas;
crece el mal por razones que ignoramos
y es una inundación con propios líquidos,
con propio barro y propia nube sólida!
Invierte el sufrimiento posiciones, da función
en que el humor acuoso es vertical
al pavimento,
el ojo es visto y esta oreja oída,
y esta oreja da nueve campanadas a la hora
del rayo, y nueve carcajadas
a la hora del trigo, y nueve sones hembras
a la hora del llanto, y nueve cánticos
a la hora del hambre y nueve truenos
y nueve látigos, menos un grito.

El dolor nos agarra, hermanos hombres,
por detrás, de perfil,
y nos aloca en los cinemas,
nos clava en los gramófonos,
nos desclava en los lechos, cae perpendicularmente
a nuestros boletos, a nuestras cartas;
y es muy grave sufrir, puede uno orar...
Pues de resultas
del dolor, hay algunos
que nacen, otros crecen, otros mueren,
y otros que nacen y no mueren, otros
que sin haber nacido, mueren, y otros
que no nacen ni mueren (son los más)
Y también de resultas
del sufrimiento, estoy triste
hasta la cabeza, y más triste hasta el tobillo,
de ver el pan, crucificado, al nabo,
ensangrentado,
llorando, a la cebolla,
al cereal, en general, harina,
a la sal, hecha polvo, al agua, huyendo,

al vino, un ecce-homo,
tan pálida a la nieve, al sol tan ardio!
¡Cómo, hermanos humanos,
no deciros que ya no puedo y
ya no puedo con tánto cajón,
tánto minuto, tánta
lagartija y tánta
inversión, tánto lejos y tánta sed de sed!
Señor Ministro de Salud: ¿qué hacer?
¡Ah! desgraciadamente, hombres humanos,
hay, hermanos, muchísimo que hacer.

Me viene, hay días, una gana ubérrima,
política...

Me viene, hay días, una gana ubérrima, política,
de querer, de besar al cariño en sus dos rostros,
y me viene de lejos un querer
demostrativo, otro querer amar, de grado o fuerza,
al que me odia, al que rasga su papel, al muchachito,
a la que llora por el que lloraba,
al rey del vino, al esclavo del agua,
al que ocultóse en su ira,
al que suda, al que pasa, al que sacude su persona en mi
Y quiero, por lo tanto, acomodarle   [alma.
al que me habla, su trenza; sus cabellos, al soldado;
su luz, al grande; su grandeza, al chico.
Quiero planchar directamente
un pañuelo al que no puede llorar
y, cuando estoy triste o me duele la dicha,
remendar a los niños y a los genios.

Quiero ayudar al bueno a ser su poquillo de malo
y me urge estar sentado
a la diestra del zurdo, y responder al mudo,

tratando de serle útil en
lo que puedo y también quiero muchísimo
lavarle al cojo el pie,
y ayudarle a dormir al tuerto próximo.

¡Ah querer, éste, el mío, éste, el mundial,
interhumano y parroquial, provecto!
Me viene a pelo,
desde el cimiento, desde la ingle pública,
y, viniendo de lejos, da ganas de besarle
la bufanda al cantor,
y al que sufre, besarle en su sartén,
al sordo, en su rumor craneano, impávido;
al que me da lo que olvidé en mi seno,
en su Dante, en su Chaplin, en sus hombros.

Quiero, para terminar,
cuando estoy al borde célebre de la violencia
o lleno de pecho el corazón, querría
ayudar a reír al que sonríe,
ponerle un pajarillo al malvado en plena nuca,
cuidar a los enfermos enfadándolos,
comprarle al vendedor,
ayudarle a matar al matador —cosa terrible—
y quisiera yo ser bueno conmigo
en todo.

Sermón sobre la muerte

Y, en fin, pasando luego al dominio de la muerte,
que actúa en escuadrón, previo corchete,
párrafo y llave, mano grande y diéresis,
¿a qué el pupitre asirio? ¿a qué el cristiano púlpito,
el intenso jalón del mueble vándalo
o, todavía menos, este esdrújulo retiro?

¿Es para terminar,
mañana, en prototipo del alarde fálico,
en diabetes y en blanca vacinica,
en rostro geométrico, en difunto,
que se hacen menester sermón y almendras,
que sobran literalmente patatas
y este espectro fluvial en que arde el oro
y en que se quema el precio de la nieve?
¿Es para eso, que morimos tánto?
¿Para sólo morir,
tenemos que morir a cada instante?
¿Y el párrafo que escribo?
¿Y el corchete deísta que enarbolo?
¿Y el escuadrón en que falló mi casco?
¿Y la llave que va a todas las puertas?
¿Y la forense diéresis, la mano,
mi patata y mi carne y mi contradicción bajo la sábana?
¡Loco de mí, lovo de mí, cordero
de mí, sensato, caballísimo de mí!
¡Pupitre, sí, toda la vida; púlpito,
también, toda la muerte!
Sermón de la barbarie: estos papeles;
esdrújulo retiro: este pellejo.
De esta suerte, cogitabundo, aurífero, brazudo,
defenderé mi presa en dos momentos,
con la voz y también con la laringe,
y del olfato físico con que oro
y del instinto de inmovilidad con que ando,
me honraré mientras viva —hay que decirlo;
se enorgullecerán mis moscardones,
porque, al centro, estoy yo, y a la derecha,
también, y, a la izquierda, de igual modo.

Considerando en frío, imparcialmente...

Considerando en frío, imparcialmente,
que el hombre es triste, tose y, sin embargo,
se complace en su pecho colorado;
que lo único que hace es componerse
de días;
que es lóbrego mamífero y se peina...

Considerando
que el hombre procede suavemente del trabajo
y repercute jefe, suena subordinado;
que el diagrama del tiempo
es constante diorama en sus medallas
y, a medio abrir, sus ojos estudiaron,
desde lejanos tiempos,
su fórmula famélica de masa...

Comprendiendo sin esfuerzo
que el hombre se queda, a veces, pensando,
como queriendo llorar,
y, sujeto a tenderse como objeto,
se hace buen carpintero, suda, mata
y luego canta, almuerza, se abotona...

Considerando también
que el hombre es en verdad un animal
y, no obstante, al voltear, me da con su tristeza en la
[cabeza...

Examinando, en fin,
sus encontradas piezas, su retrete,
su desesperación, al terminar su día atroz, borrándolo...

Comprendiendo
que él sabe que le quiero,
que le odio con afecto y me es, en suma, indiferente...

Considerando sus documentos generales
y mirando con lentes aquel certificado
que prueba que nació muy pequeñito...

le hago una seña,
viene,
y le doy un abrazo, emocionado.
¡Qué más da! Emocionado... Emocionado...

Guitarra

El placer de sufrir, de odiar, me tiñe
la garganta con plásticos venenos,
mas la cerda que implanta su orden mágico,
su grandeza taurina, entre la prima
y la sexta
y la octava mendaz, las sufre todas.

El placer de sufrir... ¿Quién? ¿a quién?
¿quién, las muelas? ¿a quién la sociedad,
los carburos de rabia de la encía?
¿Cómo ser
y estar, sin darle cólera al vecino?

Vales más que mi número, hombre solo,
y valen más que todo el diccionario,
con su prosa en verso,
con su verso en prosa,
tu función águila,
tu mecanismo tigre, blando prójimo.

El placer de sufrir,
de esperar esperanzas en la mesa,
el domingo con todos los idiomas,
el sábado con horas chinas, belgas,
la semana, con dos escupitajos.

El placer de esperar en zapatillas,
de esperar encogido tras de un verso,
de esperar con pujanza y mala poña;
el placer de sufrir: zurdazo de hembra
muerta con una piedra en la cintura
y muerta entre la cuerda y la guitarra,
llorando días y cantando meses.

Aniversario

¡Cuánto catorce ha habido en la existencia!
¡Qué créditos con bruma, en una esquina!
qué diamante sintético, el del casco!
¡Cuánta más dulcedumbre
a lo largo, más honda superficie:
¡cuánto catorce ha habido en tan poco uno!

¡Qué deber,
qué cortar y qué tajo,
de memoria a memoria, en la pestaña!
¡Cuanto más amarillo, más granate!
¡Cuánto catorce en un solo catorce!

Acordeón de la tarde, en esa esquina,
piano de la mañana, aquella tarde;
clarín de carne,
tambor de un solo palo,
guitarra sin cuarta ¡cuánta quinta,
y cuánta reunión de amigos tontos
y qué nido de tigres el tabaco!
¡Cuánto catorce ha habido en la existencia!

¿Qué te diré ahora,
quince feliz, ajeno, quince de otros?
Nada más que no crece ya el cabello,
que han venido por las cartas,

que me brillan los seres que he parido,
que no hay nadie en mi tumba
y que me han confundido con mi llanto.

¡Cuánto catorce ha habido en la existencia!

Parado en una piedra...

Parado en una piedra,
desocupado,
astroso, espeluznante,
a la orilla del Sena, va y viene.
Del río brota entonces la conciencia,
con peciolo y rasguños de árbol ávido:
del río sube y baja la ciudad, hecha de lobos abrazados.

El parado la ve yendo y viniendo,
monumental, llevando sus ayunos en la cabeza cóncava,
en el pecho sus piojos purísimos
y abajo
su pequeño sonido, el de su pelvis,
callado entre dos grandes decisiones,
y abajo,
más abajo,
un papelito, un clavo, una cerilla...

¡Este es, trabajadores, aquel
que en la labor sudaba para afuera,
que suda hoy para adentro su secreción de sangre rehusada!
Fundidor del cañón, que sabe cuántas zarpas son acero,
tejedor que conoce los hilos positivos de sus venas,
albañil de pirámides,
constructor de descensos por columnas
serenas, por fracasos triunfales,
parado individual entre treinta millones de parados,
andante en multitud,

230

¡qué salto el retratado en su talón
y qué humo el de su boca ayuna, y cómo
su talle incide, canto a canto, en su herramienta atroz,
y qué idea de dolorosa válvula en su pómulo!   [parada,

También parado el hierro frente al horno,
paradas las semillas con sus sumisas síntesis al aire,
parados los petróleos conexos,
parada en sus auténticos apóstrofes la luz,
parados de crecer los laureles,
paradas en un pie las aguas móviles
y hasta la tierra misma, parada de estupor ante este paro,
¡qué salto el retratado en sus tendones!
¡qué transmisión entablan sus cien pasos!
¡cómo chilla el motor en su tobillo!
¡cómo gruñe el reloj, paseándose impaciente a sus espaldas!
¡cómo oye deglutir a los patrones
el trago que le falta, camaradas,
y el pan que se equivoca de saliva,
y, oyéndolo, sintiéndolo, en plural, humanamente,
¡cómo clava el relámpago
su fuerza sin cabeza en su cabeza!
y lo que hacen, abajo, entonces, ¡ay!
más abajo, camaradas,
el papelucho, el clavo, la cerilla,
el pequeño sonido, el piojo padre!

Va corriendo, andando, huyendo...

Va corriendo, andando, huyendo
de sus pies...
Va con dos nubes en su nube,
sentado apócrifo, en la mano insertos
sus tristes paras, sus entonces fúnebres.

Corre de todo, andando
entre protestas incoloras; huye
subiendo, huye
bajando, huye
a paso de sotana, huye
alzando al mal en brazos,
huye
directamente a sollozar a solas.

Adonde vaya,
lejos de sus fragosos, cáusticos talones,
lejos del aire, lejos de su viaje,
a fin de huir, huir y huir y huir
de sus pies —hombre en dos pies, parado
de tánto huir— habrá sed de correr.

¡Y ni el árbol, si endosa hierro de oro!
¡Y ni el hierro, si cubre su hojarasca!
Nada, sino sus pies,
nada sino su breve calofrío,
sus paras vivos, sus entonces vivos...

Por último, sin ese buen aroma sucesivo...

Por último, sin ese buen aroma sucesivo,
sin él,
sin su cuociente melancólico,
cierra su manto mi ventaja suave,
mis condiciones cierran sus cajitas.

¡Ay, cómo la sensación arruga tánto!
¡ay, cómo una idea fija me ha entrado en una uña!

Albino, áspero, abierto, con temblorosa hectárea,
mi deleite cae viernes,
mas mi triste tristumbre se compone de cólera y tristeza
y, a su borde arenoso e indoloro,
la sensación me arruga, me arrincona.

232

Ladrones de oro, víctimas de plata:
el oro que robara yo a mis víctimas,
                    ¡rico de mí olvidándolo;
la plata que robara a mis ladrones,
    ¡pobre de mí olvidándolo!

Execrable sistema, clima en nombre del cielo, del bronquio
                                    [y la quebrada,
la cantidad enorme de dinero que cuesta el ser pobre...

Piedra negra sobre una piedra blanca

Me moriré en París con aguacero,
un día del cual tengo ya el recuerdo.
Me moriré en París —y no me corro—
talvez un jueves, como es hoy, de otoño.

Jueves será, porque hoy, jueves, que proso
estos versos, los húmeros me he puesto
a la mala y, jamás como hoy, me he vuelto,
con todo mi camino, a verme solo.

César Vallejo ha muerto, le pegaban
todos sin que él les haga nada;
le daban duro con un palo y duro

también con una soga; son testigos
los días jueves y los huesos húmeros,
la soledad, la lluvia, los caminos...

Poema para ser leído y cantado

Sé que hay una persona
que me busca en su mano, día y noche,
encontrándome, a cada minuto, en su calzado.
¿Ignora que la noche está enterrada
con espuelas detrás de la cocina?

Sé que hay una persona compuesta de mis partes,
a la que integro cuando va mi talle
cabalgando en su exacta piedrecilla.
¿Ignora que a su cofre
no volverá moneda que salió con su retrato?

Sé el día,
pero el sol se me ha escapado;
sé el acto universal que hizo en su cama
con ajeno valor y esa agua tibia, cuya
superficial frecuencia es una mina.
¿Tan pequeña es, acaso, esa persona,
que hasta sus propios pies así la pisan?

Un gato es el lindero entre ella y yo,
al lado mismo de su tasa de agua.
La veo en las esquinas, se abre y cierra
su veste, antes palmera interrogante...
¿Qué podrá hacer sino cambiar de llanto?

　　　Pero me busca y busca. ¡Es una historia!

　　　　　De disturbio en disturbio...

De disturbio en disturbio
subes a acompañarme a estar solo;
yo lo comprendo andando de puntillas,
con un pan en la mano, un camino en el pie
y haciendo, negro hasta sacar espuma,
mi perfil su papel espeluznante.

Ya habías disparado para atrás tu violencia
neumática, otra época, mas luego
me sostienes ahora en brazo de honra fúnebre
y sostienes el rumbo de las cosas en brazo de honra
　　　　　　　　　　　　　　　　　　[fúnebre,

234

la muerte de las cosas resumida en brazo de honra fúnebre.

Pero, realmente y puesto
que tratamos de la vida,
cuando el hecho de entonces eche crin en tu mano,
al seguir tu rumor como regando,
cuando sufras en suma de kanguro,
olvídame, sosténme todavía, compañero de cantidad pe-
azotado de fechas con espinas,   [queña,
olvídame y sosténme por el pecho,
jumento que te paras en dos para abrazarme;
duda de tu excremento unos segundos,
observa cómo el aire empieza a ser el cielo levantándose,
hombrecillo,
hombrezuelo,
hombre con taco, quiéreme, acompáñame...

Ten presente que un día
ha de cantar un mirlo de sotana
sobre mi tonelada ya desnuda.
(Cantó un mirlo llevando las cintas de mi gramo entre
                                                [su pico)
Ha de cantar calzado de este sollozo innato,
hombre con taco,
y simultánea, doloridamente,
ha de cantar calzado de mi paso,
y no oírlo, hombrezuelo, será malo,
será denuesto y hoja,
pesadumbre, trenza, humo quieto.

Perro parado al borde de una piedra
es el vuelo en su curva;
también tenlo presente, hombrón hasta arriba.
Te lo recordarán el peso bajo, de ribera adversa,
el peso temporal, de gran silencio,
más eso de los meses y aquello que regresa de los años.

Intensidad y altura

Quiero escribir, pero me sale espuma,
quiero decir muchísimo y me atollo;
no hay cifra hablada que no sea suma,
no hay pirámide escrita, sin cogollo.

Quiero escribir, pero me siento puma;
quiero laurearme, pero me encebollo.
No hay toz hablada, que no llegue a bruma,
no hay dios ni hijo de dios, sin desarrollo.

Vámonos, pues, por eso, a comer yerba,
carne de llanto, fruta de gemido,
nuestra alma melancólica en conserva.

Vámonos! Vámonos! Estoy herido;
Vámonos a beber lo ya bebido,
vámonos, cuervo, a fecundar tu cuerva.

De puro calor tengo frío...

¡De puro calor tengo frío,
hermana Envidia!
Lamen mi sombra leones
y el ratón me muerde el nombre,
¡madre alma mía!

¡Al borde del fondo voy,
cuñado Vicio!
La oruga tañe su voz,
y la voz tañe su oruga,
¡padre cuerpo mío!

236

¡Está de frente mi amor,
nieta Paloma!
De rodillas, mi terror
y de cabeza, mi angustia,
¡madre alma mía!

Hasta que un día sin dos,
esposa Tumba,
mi último hierro dé el son
de una víbora que duerme,
¡padre cuerpo mío!...

Un pilar soportando consuelos...

Un pilar soportando consuelos,
pilar otro,
pilar en duplicado, pilaroso
y como nieto de una puerta oscura.
Ruido perdido, el uno, oyendo, al borde del cansancio;
bebiendo, el otro, dos a dos, con asas.

¿Ignoro acaso el año de este día,
el odio de este amor, las tablas de esta frente?
¿Ignoro que esta tarde cuesta días?
¿Ignoro que jamás se dice «nunca», de rodillas?

Los pilares que vi me están oyendo;
otros pilares son, doses y nietos tristes de mi pierna.
¡Lo digo en cobre americano,
que le debe a la plata tánto fuego!

Consolado en terceras nupcias,
pálido, nacido,
voy a cerrar mi pila bautismal, esta vidriera,
este susto con tetas,
este dedo en capilla,
corazónmente unido a mi esqueleto.

237

Calor, cansado voy con mi oro,
a donde...

Calor, cansado voy con mi oro, a donde
acaba mi enemigo de quererme.
¡C'est Septembre attiédi, por ti, Febrero!
Es como si me hubieran puesto aretes.

París, y 4, y 5, y la ansiedad
colgada, en el calor, de mi hecho muerto.
¡C'est Paris reine du monde!
Es como si se hubieran orinado.

Hojas amargas de mensual tamaño
y hojas del Luxemburgo polvorosas.
¡C'est l'été, por ti, invierno de alta pleura!
Es como si se hubieran dado vuelta.

Calor, París, Otoño, ¡cuánto estío
en medio del calor y de la urbe!
¡C'est la vie mort de la Mort!
Es como si contaran mis pisadas.

¡Es como si me hubieran puesto aretes!
¡Es como si se hubieran orinado!
¡Es como si te hubieras dado vuelta!
¡Es como si contaran mis pisadas!

Panteón

He visto ayer sonidos generales,
                    mortuoriamente,
                    puntualmente alejarse,
cuando oí desprenderse del ocaso
                    tristemente
                    exactamente un arco, un arcoíris.

238

Vi el tiempo generoso del minuto,
                    infinitamente
atado locamente al tiempo grande,
pues que estaba la hora
                    suavemente,
premiosamente henchida de dos horas.

Dejóse comprender, llamar, la tierra
                    terrenalmente;
negóse brutalmente así a mi historia,
y si vi, que me escuchen, pues, en bloque,
si toqué esta mecánica, que vean
                    lentamente,
despacio, vorazmente, mis tinieblas.

Y si vi en la lesión de la respuesta,
                    claramente,
la lesión mentalmente de la incógnita,
si escuché, si pensé en mis ventanillas
nasales, funerales, temporales,
                    fraternalmente,
piadosamente echadme a los filósofos.

Mas no más inflexión precipitada
en canto llano, y no más
el hueso colorado, el son del alma
                    tristemente
erguida ecuestremente en mi espinazo,
ya que, en suma la vida es
                    implacablemente,
imparcialmente horrible, estoy seguro.

Quedéme a calentar la tinta
en que me ahogo...

Quedéme a calentar la tinta en que me ahogo
y a escuchar mi caverna alternativa,
noches de tacto, días de abstracción.

Se estremeció la incógnita en mi amígdala
y crují de una anual melancolía,
noches de sol, días de luna, ocasos de París.

Y todavía, hoy mismo, al atardecer,
digiero sacratísimas constancias,
noches de madre, días de biznieta
bicolor, voluptuosa, urgente, linda.

Y aun
alcanzo, llego hasta mí en avión de dos asientos,
bajo la mañana doméstica y la bruma
que emergió eternamente de un instante.

Y todavía,
aun ahora,
al cabo del cometa en que he ganado
mi bacilo feliz y doctoral,
he aquí que caliente, oyente, tierro, sol y luno,
incógnito atravieso el cementerio,
tomo a la izquierda, hiendo
la yerba con un par de endecasílabos,
años de tumba, litros de infinito,
tinta, pluma, ladrillos y perdones.

Acaba de pasar el que vendrá...

Acaba de pasar el que vendrá
proscrito, a sentarse en mi triple desarrollo;
acaba de pasar criminalmente.

Acaba de sentarse más acá,
a un cuerpo de distancia de mi alma,
el que vino en un asno a enflaquecerme;
acaba de sentarse de pie, lívido.

240

Acaba de darme lo que está acabado,
el calor del fuego y el pronombre inmenso
que el animal crió bajo su cola.

Acaba
de expresarme su duda sobre hipótesis lejanas
que él aleja, aún más, con la mirada.

Acaba de hacer al bien los honores que le tocan
en virtud del infame paquidermo,
por lo soñado en mí y en él matado.

Acaba de ponerme (no hay primera)
su segunda aflixión en plenos lomos
y su tercer sudor en plena lágrima.
Acaba de pasar sin haber venido.

La rueda del hambriento...

Por entre mis propios dientes salgo humeando,
dando voces, pujando,
bajándome los pantalones...
Váca mi estómago, váca mi yeyuno,
la miseria me saca por entre mis propios dientes,
cogido con un palito por el puño de la camisa.

Una piedra en que sentarme
¿no habrá ahora para mí?
Aun aquella piedra en que tropieza la mujer que ha dado
la madre del cordero, la causa, la raíz,   [a luz,
¿ésa no habrá ahora para mí?
¡Siquiera aquella otra,
que ha pasado agachándose por mi alma!
Siquiera
la calcárida o la mala (humilde océano)
o la que ya no sirve ni para ser tirada contra el hombre,
¡ésa dádmela ahora para mí!

241

Siquiera la que hallaren atravesada y sola en un insulto,
¡ésa dádmela ahora para mí!
Siquiera la torcida y coronada, en que resuena
solamente una vez el andar de las rectas conciencias,
o, al menos, esa otra, que arrojada en digna curva,
va a caer por sí misma,
en profesión de entraña verdadera,
¡ésa dádmela ahora para mí!

Un pedazo de pan, ¿tampoco habrá ahora para mí?
Ya no más he de ser lo que siempre he de ser,
pero dadme
una piedra en que sentarme,
pero dadme
por favor, un pedazo de pan en que sentarme,
pero dadme
en español
algo, en fin, de beber, de comer, de vivir, de reposarse,
y después me iré...
Hallo una extraña forma, está muy rota
y sucia mi camisa
y ya no tengo nada, esto es horrendo.

La vida, esta vida...

La vida, esta vida
me placía, su instrumento, esas palomas...
Me placía escucharlas gobernarse en lontananza,
advenir naturales, determinado el número,
y ejecutar, según sus aflicciones, sus dianas de animales.

Encogido,
oí desde mis hombros
su sosegada producción,
cave los albañales sesgar sus trece huesos,
dentro viejo tornillo hincharse el plomo.

Sus paujiles picos,
pareadas palomitas,
las póbridas, hojeándose los hígados,
sobrinas de la nube... Vida! Vida! Esta es la vida!

Zurear su tradición rojo les era,
rojo moral, palomas vigilantes,
talvez rojo de herrumbre,
si caían entonces azulmente.

Su elemental cadena,
sus viajes de individuales pájaros viajeros,
echaron humo denso,
pena física, pórtico influyente.

Palomas saltando, indelebles
palomas olorosas,
manferidas venían, advenían
por azarosas vías digestivas
a contarme sus cosas fosforosas,
pájaros de contar,
pájaros transitivos y orejones...

No escucharé ya más desde mis hombros
huesudo, enfermo, en cama,
ejecutar sus dianas de animales... Me doy cuenta.

Palmas y guitarra

Ahora, entre nosotros, aquí,
ven conmigo, trae por la mano a tu cuerpo
y cenemos juntos y pasemos un instante la vida
a dos vidas y dando una parte a nuestra muerte.
Ahora, ven contigo, hazme el favor
de quejarte en mi nombre y a la luz de la noche teneblosa
en que traes a tu alma de la mano
y huimos en puntillas de nosotros.

243

Ven a mí, sí, y a ti, sí,
con paso par, a vernos a los dos con paso impar,
marcar el paso de la despedida.
¡Hasta cuando volvamos! ¡Hasta la vuelta!
¡Hasta cuando leamos, ignorantes!
¡Hasta cuando volvamos, despidámonos!

¿Qué me importan los fusiles,
escúchame;
escúchame, ¿qué impórtanme,
si la bala circula ya en el rango de mi firma?
¿Qué te importan a ti las balas,
si el fusil está humeando ya en tu olor?
Hoy mismo pesaremos
en los brazos de un ciego nuestra estrella
y, una vez que me cantes, lloraremos.

Hoy mismo, hermosa, con tu paso par
y tu confianza a que llegó mi alarma,
saldremos de nosotros, dos a dos.
¡Hasta cuando seamos ciegos!
¡Hasta
que lloremos de tánto volver!

Ahora,
entre nosotros, trae
por la mano a tu dulce personaje
y cenemos juntos y pasemos un instante la vida
a dos vidas y dando una parte a nuestra muerte.
Ahora, ven contigo, hazme el favor
de cantar algo
y de tocar en tu alma, haciendo palmas.
¡Hasta cuando volvamos! ¡Hasta entonces!
¡Hasta cuando partamos, despidámonos!

244

¿Qué me da, que me azoto con la línea...

¿Qué me da, que me azoto con la línea
y creo que me sigue, al trote, el punto?

¿Qué me da, que me he puesto
en los hombros un huevo en vez de un manto?

¿Qué me ha dado, que vivo?
¿Qué me ha dado, que muero?

¿Qué me da, que tengo ojos?
¿Qué me da, que tengo alma?

¿Qué me da, que se acaba en mí mi prójimo
y empieza en mi carrillo el rol del viento?

¿Qué me ha dado, que cuento mis dos lágrimas,
sollozo tierra y cuelgo el horizonte?

¿Qué me ha dado, que lloro de no poder llorar
y río de lo poco que he reído?

¿Qué me da, que ni vivo ni muero?

Oye a tu masa, a tu cometa, escúchalos;
no gimas...

Oye a tu masa, a tu cometa, escúchalos; no gimas
de memoria, gravísimo cetáceo;
oye a la túnica en que estás dormido,
oye a tu desnudez, dueña del sueño.

Relátate agarrándote
de la cola del fuego y a los cuernos
en que acaba la crin su atroz carrera;
rómpete, pero en círculos;
fórmate, pero en columnas combas;
descríbete atmosférico, sér de humo,
a paso redoblado de esqueleto.

245

¿La muerte? ¡Opónle todo tu vestido!
¿La vida? ¡Opónle parte de tu muerte!
Bestia dichosa, piensa;
dios desgraciado, quítate la frente.
Luego, hablaremos.

¡Y si después de tantas palabras...

¡Y si después de tántas palabras,
no sobrevive la palabra!
¡Si después de las alas de los pájaros,
no sobrevive el pájaro parado!
¡Más valdría, en verdad,
que se lo coman todo y acabemos!

¡Haber nacido para vivir de nuestra muerte!
¡Levantarse del cielo hasta la tierra
por sus propios desastres
y espiar el momento de apagar con su sombra su tiniebla!
¡Más valdría, francamente,
que se lo coman todo y qué más da!...

¡Y si después de tánta historia, sucumbimos,
no ya de eternidad,
sino de esas cosas sencillas, como estar
en la casa o ponerse a cavilar!
¡Y si luego encontramos,
de buenas a primeras, que vivimos,
a juzgar por la altura de los astros,
por el peine y las manchas del pañuelo!
¡Más valdría, en verdad,
que se lo coman todo, desde luego!

Se dirá que tenemos
en uno de los ojos mucha pena
y también en el otro, mucha pena
y en los dos, cuando miran, mucha pena...
Entonces... ¡Claro!... Entonces... ¡ni palabra!

París, octubre 1936

De todo esto yo soy el único que parte.
De este banco me voy, de mis calzones,
de mi gran situación, de mis acciones,
de mi número hendido parte a parte,
de todo esto yo soy el único que parte.

De los Campos Elíseos o al dar vuelta
la extraña callejuela de la Luna,
mi defunción se va, parte mi cuna,
y, rodeada de gente, sola, suelta,
mi semejanza humana dase vuelta
y despacha sus sombras una a una.

Y me alejo de todo, porque todo
se queda para hacer la coartada:
mi zapato, su ojal, también su lodo
y hasta el doblez del codo
de mi propia camisa abotonada.

Despedida recordando un adiós

Al cabo, al fin, por último,
torno, volví y acábome y os gimo, dándoos
la llave, mi sombrero, esta carita para todos.
Al cabo de la llave está el metal en que aprendiéramos
a desdorar el oro, y está, al fin
de mi sombrero, este pobre cerebro mal peinado,
y, último vaso de humo, en su papel dramático,
yace este sueño práctico del alma.

¡Adiós, hermanos san pedros,
heráclitos, erasmos, espinozas!
¡Adiós, tristes obispos bolcheviques!
¡Adiós, gobernadores en desorden!
¡Adiós, vino que está en el agua como vino!
¡Adiós, alcohol que está en la lluvia!

247

¡Adiós también, me digo a mí mismo,
adiós, vuelo formal de los milígramos!
¡También adiós, de modo idéntico,
frío del frío y frío del calor!
Al cabo, al fin, por último, la lógica,
los linderos del fuego,
la despedida recordando aquel adiós.

Y no me digan nada...

Y no me digan nada,
que uno puede matar perfectamente,
ya que, sudando tinta,
uno hace cuanto puede, no me digan...

Volveremos, señores, a vernos con manzanas;
tarde la criatura pasará,
la expresión de Aristóteles armada
de grandes corazones de madera,
la de Heráclito injerta en la de Marx,
la del suave sonando rudamente...
Es lo que bien narraba mi garganta:
uno puede matar perfectamente.

Señores,
caballeros, volveremos a vernos sin paquetes;
hasta entonces exijo, exijiré de mi flaqueza
el acento del día, que,
según veo, estuvo ya esperándome en mi lecho.
Y exijo del sombrero la infausta analogía del recuerdo,
ya que, a veces, asumo con éxito mi inmensidad llorada,
ya que, a veces, me ahogo en la voz de mi vecino
y padezco
contando en maíces los años,
cepillando mi ropa al son de un muerto
o sentado borracho en mi ataúd...

248

En suma, no poseo para expresar mi vida, sino mi muerte.

Y, después de todo, al cabo de la escalonada naturaleza y del gorrión en bloque, me duermo, mano a mano con mi sombra.

Y, al descender del acto venerable y del otro gemido, me reposo pensando en la marcha impertérrita del tiempo.

¿Por qué la cuerda, entonces, si el aire es tan sencillo? ¿Para qué la cadena, si existe el hierro por sí solo?

César Vallejo, el acento con que amas, el verbo con que escribes, el vientecillo con que oyes, sólo saben de ti por tu garganta.

César Vallejo, póstrate, por eso, con indistinto orgullo, con tálamo de ornamentales áspides y exagonales ecos.

Restitúyete al corpóreo panal, a la beldad; aroma los florecidos corchos, cierra ambas grutas al sañudo antropoide; repara, en fin, tu antipático venado; tente pena.

¡Que no hay cosa más densa que el odio en voz pasiva, ni más mísera ubre que el amor!

¡Que ya no puedo andar, sino en dos harpas!

¡Que ya no me conoces, sino porque te sigo instrumental, prolijamente!

¡Que ya no doy gusanos, sino breves!

¡Que ya te implico tánto, que medio que te afilas!

¡Que ya llevo unas tímidas legumbres y otras bravas!

Pues el afecto que quiébrase de noche en mis bronquios, lo trajeron de día ocultos deanes y, si amanezco pálido, es por mi obra; y, si anochezco rojo, por mi obrero. Ello explica, igualmente, estos cansancios míos y estos despojos, mis famosos tíos. Ello explica, en fin, esta lágrima que brindo por la dicha de los hombres.

César Vallejo, parece
mentira que así tarden tus parientes,
sabiendo que ando cautivo,
sabiendo que yaces libre!

¡Vistosa y perra suerte!
¡César Vallejo, te odio con ternura!

Los desgraciados

Ya va a venir el día; da
cuerda a tu brazo, búscate debajo
del colchón, vuelve a pararte
en tu cabeza, para andar derecho.

Ya va a venir el día, ponte el saco.
Ya va a venir el día; ten
fuerte en la mano a tu intestino grande, reflexiona
antes de meditar, pues es horrible
cuando le cae a uno la desgracia
y se le cae a uno a fondo el diente.

Necesitas comer, pero, me digo,
no tengas pena, que no es de pobres
la pena, el sollozar junto a su tumba;
remiéndate, recuerda,
confía en tu hilo blanco, fuma, pasa lista
a tu cadena y guárdala detrás de tu retrato.
Ya va a venir el día, ponte el alma.

Ya va a venir el día; pasan,
han abierto en el hotel un ojo,
azotándolo, dándole con un espejo tuyo...
¿Tiemblas? Es el estado remoto de la frente
y la nación reciente del estómago.
Roncan aún... ¡Qué universo se lleva este ronquido!
¡Cómo quedan tus poros, enjuiciándolo!
¡Con cuántos doses ¡ay! estás tan solo!
Ya va a venir el día, ponte el sueño.

Ya va a venir el día, repito
por el órgano oral de tu silencio
y urge tomar la izquierda con el hambre
y tomar la derecha con la sed; de todos modos,
abstente de ser pobre con los ricos,
atiza
tu frío, porque en él se integra mi calor, amada víctima.
Ya va a venir el día, ponte el cuerpo.

Ya va a venir el día;
la mañana, la mar, el meteoro, van
en pos de tu cansancio, con banderas,
y, por tu orgullo clásico, las hienas
cuentan sus pasos al compás del asno,
la panadera piensa en ti,
el carnicero piensa en ti, palpando
el hacha en que están presos
el acero y el hierro y el metal; jamás olvides
que durante la misa no hay amigos.
Ya va a venir el día, ponte el sol.

Ya viene el día; dobla
el aliento, triplica
tu bondad rencorosa
y da codos al miedo, nexo y énfasis,
pues tú, como se observa en tu entrepierna y siendo
el malo ¡ay! inmortal,
has soñado esta noche que vivías
de nada y morías de todo...

El acento me pende del zapato...

El acento me pende del zapato;
le oigo perfectamente
sucumbir, lucir, doblarse en forma de ámbar
y colgar, colorante, mala sombra.

251

Me sobra así el tamaño,
me ven jueces desde un árbol,
me ven con sus espaldas ir de frente,
entrar a mi martillo,
pararme a ver a una niña
y, al pie de un urinario, alzar los hombros.

Seguramente nadie está a mi lado,
me importa poco, no lo necesito;
seguramente han dicho que me vaya:
lo siento claramente.

¡Cruelísimo tamaño el de rezar!
¡Humillación, fulgor, profunda selva!
Me sobra ya tamaño, bruma elástica,
rapidez por encima y desde y junto.
¡Imperturbable! ¡Imperturbable! Suenan
luego, después, fatídicos teléfonos.
Es el acento; es él.

La punta del hombre...

La punta del hombre,
el ludibrio pequeño de encogerse
tras de fumar su universal ceniza;
punta al darse en secretos caracoles,
punta donde se agarra uno con guantes,
punta en lunes sujeto por seis frenos,
punta saliendo de escuchar a su alma.

De otra manera,
fueran lluvia menuda los soldados
y ni cuadrada pólvora, al volver de los bravos desatinos,
y ni letales plátanos; tan sólo
un poco de patilla en la silueta.
De otra manera, caminantes suegros,
cuñados en misión sonora,

252

yernos por la vía ingratísima del jebe,
toda la gracia caballar andando
puede fulgir esplendorosamente!

¡Oh pensar geométrico al trasluz!
¡Oh no morir bajamente
de majestad tan rauda y tan fragante!
¡Oh no cantar; apenas
escribir y escribir con un palito
o con el filo de la oreja inquieta!

Acorde de lápiz, tímpano sordísimo,
dondoneo en mitades robustas
y comer de memoria buena carne,
jamón, si falta carne,
y, un pedazo de queso con gusanos hembras,
gusanos machos y gusanos muertos.

¡Oh botella sin vino! ¡Oh vino...

¡Oh botella sin vino! ¡Oh vino que enviudó de esta
Tarde cuando la aurora de la tarde   [botella!
flameó funestamente en cinco espíritus.
Viudez sin pan ni mugre, rematando en horrendos meta-
y en células orales acabando.   [loides

¡Oh siempre, nunca dar con el jamás de tánto siempre!
¡oh mis buenos amigos, cruel falacia,
parcial, penetrativa en nuestro trunco,
volátil, jugarino desconsuelo!

¡Sublime, baja perfección del cerdo,
palpa mi general melancolía!
¡Zuela sonante en sueños,
zuela
zafia, inferior, vendida, lícita, ladrona,
baja y palpa lo que eran mis ideas!

Tú y él y ellos y todos,
sin embargo,
entraron a la vez en mi camisa,
en los hombros madera, entre los fémures, palillos;
tú particularmente,
habiéndome influido;
él, fútil, colorado, con dinero
y ellos, zánganos de ala de otro peso.

¡Oh botella sin vino! ¡oh vino que enviudó de esta bo-
[tella!

Al fin, un monte...

Al fin, un monte
detrás de la bajura; al fin, humeante nimbo
alrededor, durante un rostro fijo.

Monte en honor del pozo,
sobre filones de gratuita plata de oro.

Es la franja a que arrástranse,
seguras de sus tonos de verano,
las que eran largas válvulas difuntas;
el taciturno marco de este arranque
natural, de este augusto zapatazo,
de esta piel, de este intrínseco destello
digital, en que estoy entero, lúbrico.

Quehaceres en un pie, mecha de azufre,
oro de plata y plata hecha de plata
y mi muerte, mi hondura, mi colina.

¡Pasar
abrazado a mis brazos,
destaparme después o antes del corcho!
Monte que tántas veces manara
oración, prosa fluvial de llanas lágrimas;

254

monte bajo, compuesto de suplicantes gradas
y, más allá, de torrenciales torres;
niebla entre el día y el alcohol del día,
caro verdor de coles, tibios asnos
complementarios, palos y maderas;
filones de gratuita plata de oro.

Quiere y no quiere su color mi pecho...

Quiere y no quiere su color mi pecho,
por cuyas bruscas vías voy, lloro con palo,
trato de ser feliz, lloro en mi mano,
recuerdo, escribo
y remacho una lágrima en mi pómulo.

Quiere su rojo el mal, el bien su rojo enrojecido
por el hacha suspensa,
por el trote del ala a pie volando,
y no quiere y sensiblemente
no quiere aquesto el hombre;
no quiere estar en su alma
acostado, en la sien latidos de asta,
el bimano, el muy bruto, el muy filósofo.

Así, casi no soy, me vengo abajo
desde el arado en que socorro a mi alma
y casi, en proporción, casi enaltézcome.
Que saber por qué tiene la vida este perrazo,
por qué lloro, por qué,
cejón, inhábil, veleidoso, hube nacido
gritando;
saberlo, comprenderlo
al son de un alfabeto competente,
sería padecer por un ingrato.

¡Y no! ¡No! ¡No! ¡Qué ardid, ni paramento!
Congoja, sí, con sí firme y frenético,
coriáceo, rapaz, quiere y no quiere, cielo y pájaro;
congoja, sí, con toda la bragueta.
Contienda entre dos llantos, robo de una sola ventura,
vía indolora en que padezco en chanclos
de la velocidad de andar a ciegas.

La paz, la abispa, el taco, las vertientes...

La paz, la abispa, el taco, las vertientes,
el muerto, los decílitros, el búho,
los lugares, la tiña, los sarcófagos, el vaso, las morenas,
el desconocimiento, la olla, el monaguillo,
las gotas, el olvido,
la potestad, los primos, los arcángeles, la aguja,
los párrocos, el ébano, el desaire,
la parte, el tipo, el estupor, el alma...

Dúctil, azafranado, externo, nítido,
portátil, viejo, trece, ensangrentado,
fotografiadas, listas, tumefactas,
conexas, largas, encintadas, pérfidas...

Ardiendo, comparando,
viviendo, enfureciéndose,
golpeando, analizando, oyendo, estremeciéndose,
muriendo, sosteniéndose, situándose, llorando...

Después, éstos, aquí,
después, encima,
quizá, mientras, detrás, tánto, tan nunca,
debajo, acaso, lejos,
siempre, aquello, mañana, cuánto,
cuánto!...

Lo horrible, lo suntuario, lo lentísimo,
lo augusto, lo infructuoso,
lo aciago, lo crispante, lo mojado, lo fatal,
lo todo, lo purísimo, lo lóbrego,
lo acerbo, lo satánico, lo táctil, lo profundo...

Transido, salomónico, decente...

Transido, salomónico, decente,
ululaba; compuesto, caviloso, cadavérico, perjuro,
iba, tornaba, respondía; osaba,
fatídico, escarlata, irresistible.

En sociedad, en vidrio, en polvo, en hulla,
marchóse; vaciló, en hablando en oro; fulguró,
volteó, en acatamiento;
en terciopelo, en llanto, replególo.

¿Recordar? ¿Insistir? ¿Ir? ¿Perdonar?
Ceñudo, acabaría
recostado, áspero, atónito, mural;
meditaba estamparse, confundirse, fenecer.

Inatacablemente, impunemente,
negramente, husmeará, comprenderá;
vestiráse oralmente;
inciertamente irá, acobardaráse, olvidará.

¿Y bien? ¿Te sana el metaloide pálido?...

¿Y bien? ¿Te sana el metaloide pálido?
¿Los metaloides incendiarios, cívicos,
inclinados al río atroz del polvo?

Esclavo, es ya la hora circular
en que en las dos aurículas se forman
anillos guturales, corredizos, cuaternarios.

Señor esclavo, en la mañana mágica
se ve, por fin,
el busto de tu trémulo ronquido,
vense tus sufrimientos a caballo,
pasa el órgano bueno, el de tres asas,
hojeo, mes por mes, tu monocorde cabellera,
tu suegra llora
haciendo huesecillos de sus dedos,
se inclina tu alma con pasión a verte
y tu sien, un momento, marca el paso.

Y la gallina pone su infinito, uno por uno;
sale la tierra hermosa de las humeantes sílabas,
te retratas de pie junto a tu hermano,
truena el color oscuro bajo el lecho
y corren y entrechócanse los pulpos.

Señor esclavo ¿y bien?
¿Los metaloides obran en tu angustia?

Escarnecido, aclimatado al bien, mórbido...

Escarnecido, aclimatado al bien, mórbido, hurente,
doblo el cabo carnal y juego a copas,
donde acaban en moscas los destinos,
donde comí y bebí de lo que me hunde.

Monumental adarme,
féretro numeral, los de mi deuda,
los de mi deuda, cuando caigo altamente,
ruidosamente, amoratadamente.

Al fondo, es hora,
entonces, de gemir con toda el hacha
y es entonces el año del sollozo,
el día del tobillo,

258

la noche del costado, el siglo del resuello.
Cualidades estériles, monótonos satanes,
del flanco brincan,
del ijar de mi yegua suplente;
pero, donde comí, cuánto pensé!
pero cuánto bebí donde lloré!

Así es la vida, tal
como es la vida, allá, detrás
del infinito; así, espontáneamente,
delante de la sien legislativa.

Yace la cuerda así al pie del violín,
cuando hablaron del aire, a voces, cuando
hablaron muy despacio del relámpago.
Se dobla así la mala causa, vamos
de tres en tres a la unidad; así
se juega a copas
y salen a mi encuentro los que aléjanse,
acaban los destinos en bacterias
y se debe todo a todos.

Alfonso: estás mirándome, lo veo...

Alfonso: estás mirándome, lo veo,
desde el plano implacable donde moran
lineales los siempres, lineales los jamases.
(Esa noche, dormiste, entre tu sueño
y mi sueño, en la rue de Ribouté)
Palpablemente
tu inolvidable cholo te oye andar
en París, te siente en el teléfono callar
y toca en el alambre a tu último acto
tomar peso, brindar
por la profundidad, por mí, por ti.

259

Yo todavía
compro «du vin, du lait, comptant les sous»
bajo mi abrigo, para que no me vea mi alma,
bajo mi abrigo aquel, querido Alfonso,
y bajo el rayo simple de la sien compuesta;
yo todavía sufro, y tú, ya no, jamás hermano!
(Me han dicho que en tus siglos de dolor,
amado sér,
amado estar,
hacías ceros de madera. ¿Es cierto?)

En la «boite de nuit», donde tocabas tangos,
tocando tu indignada criatura su corazón,
escoltado de ti mismo, llorando
por ti mismo y por tu enorme parecido con tu sombra,
monsieur Fourgat, el patrón, ha envejecido.
¿Decírselo? ¿Contárselo? No más,
Alfonso; eso, ya nó!

El hotel des Ecoles funciona siempre
y todavía compran mandarinas;
pero yo sufro, como te digo,
dulcemente, recordando
lo que hubimos sufrido ambos, a la muerte de ambos,
en la apertura de la doble tumba,
de esa otra tumba con tu sér,
y de ésta de caoba con tu estar;
sufro, bebiendo un vaso de ti, Silva,
un vaso para ponerse bien, como decíamos,
y después, ya veremos lo que pasa...

Es éste el otro brindis, entre tres,
taciturno, diverso
en vino, en mundo, en vidrio, al que brindábamos
más de una vez al cuerpo,
y, menos de una vez, al pensamiento.
Hoy es más diferente todavía;
hoy sufro dulce, amargamente,

260

bebo tu sangre en cuanto a Cristo el duro,
como tu hueso en cuanto a Cristo el suave,
porque te quiero, dos a dos, Alfonso,
y casi lo podría decir, eternamente.

Traspié entre dos estrellas

¡Hay gentes tan desgraciadas, que ni siquiera
tienen cuerpo; cuantitativo el pelo,
baja, en pulgadas, la genial pesadumbre;
el modo, arriba;
no me busques, la muela del olvido,
parecen salir del aire, sumar suspiros mentalmente, oír
claros azotes en sus paladares!

Vanse de su piel, rascándose el sarcófago en que nacen
y suben por su muerte de hora en hora
y caen, a lo largo de su alfabeto gélido, hasta el suelo.

¡Ay de tánto! ¡ay de tan poco! ¡ay de ellas!
¡Ay de mi cuarto, oyéndolas con lentes!
¡Ay de mi tórax, cuando compran trajes!
¡Ay de mi mugre blanca, en su hez mancomunada!

¡Amadas sean las orejas sánchez,
amadas las personas que se sientan,
amado el desconocido y su señora,
el prójimo con mangas, cuello y ojos!

¡Amado sea aquel que tiene chinches,
el que lleva zapato roto bajo la lluvia,
el que vela el cadáver de un pan con dos cerillas,
el que se coge un dedo en una puerta,
el que no tiene cumpleaños,
el que perdió su sombra en un incendio,
el animal, el que parece un loro,
el que parece un hombre, el pobre rico,
el puro miserable, el pobre pobre!

¡Amado sea
el que tiene hambre o sed, pero no tiene
hambre con qué saciar toda su sed,
ni sed con qué saciar todas sus hambres!

¡Amado sea el que trabaja al día, al mes, a la hora,
el que suda de pena o de vergüenza,
aquel que va, por orden de sus manos, al cinema,
el que paga con lo que le falta,
el que duerme de espaldas,
el que ya no recuerda su niñez; amado sea
el calvo sin sombrero,
el justo sin espinas,
el ladrón sin rosas,
el que lleva reloj y ha visto a Dios,
el que tiene un honor y no fallece!

¡Amado sea el niño, que cae y aún llora
y el hombre que ha caído y ya no llora!

¡Ay de tánto! ¡Ay de tan poco! ¡Ay de ellos!

A lo mejor, soy otro...

A lo mejor, soy otro; andando, al alba, otro que marcha
en torno a un disco largo, a un disco elástico:
mortal, figurativo, audaz diafragma.
A lo mejor, recuerdo al esperar, anoto mármoles
donde índice escarlata, y donde catre de bronce,
un zorro ausente, espúreo, enojadísimo.
A lo mejor, hombre al fin,
las espaldas ungidas de añil misericordia,
a lo mejor, me digo, más allá no hay nada.

Me da la mar el disco, refiriéndolo,
con cierto margen seco, a mi garganta;
¡nada en verdad, más ácido, más dulce, más kanteano!

262

Pero sudor ajeno, pero suero
o tempestad de mansedumbre,
decayendo o subiendo, ¡eso, jamás!

Echado, fino, exhúmome,
tumefacta la mezcla en que entro a golpes,
sin piernas, sin adulto barro, ni armas,
una aguja prendida en el gran átomo...
¡No! ¡Nunca! ¡Nunca ayer! ¡Nunca después!

Y de ahí este tubérculo satánico,
esta muela moral de plesiosaurio
y estas sospechas póstumas,
este índice, esta cama, estos boletos.

El libro de la naturaleza

Profesor de sollozo —he dicho a un árbol—
palo de azogue, tilo
rumoreante, a la orilla del Marne, un buen alumno
leyendo va en tu naipe, en tu hojarasca,
entre el agua evidente y el sol falso,
su tres de copas, su caballo de oros.

Rector de los capítulos del cielo,
de la mosca ardiente, de la calma manual que hay en los
rector de honda ignorancia, un mal alumno   [asnos;
leyendo va en tu naipe, en tu hojarasca,
el hambre de razón que le enloquece
y la sed de demencia que le aloca.

Técnico en gritos, árbol consciente, fuerte,
fluvial, doble, solar, doble, fanático,
conocedor de rosas cardinales, totalmente
metido, hasta hacer sangre, en aguijones, un alumno
leyendo va en tu naipe, en tu hojarasca,
su rey precoz, telúrico, volcánico, de espadas.

¡Oh profesor, de haber tánto ignorado!
¡oh rector, de temblar tánto en el aire!
¡oh técnico, de tánto que te inclinas!
¡Oh tilo! ¡oh palo rumoroso junto al Marne!

Tengo un miedo terrible de ser un animal...

Tengo un miedo terrible de ser un animal
de blanca nieve, que sostuvo padre
y madre, con su sola circulación venosa,
y que, este día espléndido, solar y arzobispal,
día que representa así a la noche,
linealmente
elude este animal estar contento, respirar
y transformarse y tener plata.

Sería pena grande
que fuera yo tan hombre hasta ese punto.
Un disparate, una premisa ubérrima
a cuyo yugo ocasional sucumbe
el gonce espiritual de mi cintura.
Un disparate... En tanto,
es así, más acá de la cabeza de Dios,
en la tabla de Locke, de Bacon, en el lívido pescuezo
de la bestia, en el hocico del alma.

Y, en lógica aromática,
tengo ese miedo práctico, este día
espléndido, lunar, de ser aquél, éste talvez,
a cuyo olfato huele a muerto el suelo,
el disparate vivo y el disparate muerto.

¡Oh revolcarse, estar, toser, fajarse,
fajarse la doctrina, la sien, de un hombre al otro,
alejarse, llorar, darlo por ocho
o por siete o por seis, por cinco o darlo
por la vida que tiene tres potencias.

264

Marcha nupcial

A la cabeza de mis propios actos,
corona en mano, batallón de dioses,
el signo negativo al cuello, atroces
el fósforo y la prisa, estupefactos
el alma y el valor, con dos impactos

al pie de la mirada; dando voces;
los límites, dinámicos, feroces;
tragándome los lloros inexactos,

me encenderé, se encenderá mi hormiga,
se encenderán mi llave, la querella
en que perdí la causa de mi huella.

Luego, haciéndome del átomo una espiga,
encenderé mis hoces al pie de ella
y la espiga será por fin espiga.

La cólera que quiebra al hombre en niños...

La cólera que quiebra al hombre en niños,
que quiebra al niño en pájaros iguales,
y al pájaro, después, en huevecillos;
la cólera del pobre
tiene un aceite contra dos vinagres.

La cólera que al árbol quiebra en hojas,
a la hoja en botones desiguales
y al botón, en ranuras telescópicas;
la cólera del pobre
tiene dos ríos contra muchos mares.

La cólera que quiebra al bien en dudas,
a la duda, en tres arcos semejantes
y al arco, luego, en tumbas imprevistas;
la cólera del pobre
tiene un acero contra dos puñales.

La cólera que quiebra al alma en cuerpos,
al cuerpo en órganos desemejantes
y al órgano, en octavos pensamientos;
la cólera del pobre
tiene un fuego central contra dos cráteres.

Un hombre pasa con un pan al hombro...

Un hombre pasa con un pan al hombro
¿Voy a escribir, después, sobre mi doble?

Otro se sienta, ráscase, extrae un piojo de su axila, mátalo
¿Con qué valor hablar del psicoanálisis?

Otro ha entrado a mi pecho con un palo en la mano
¿Hablar luego de Sócrates al médico?

Un cojo pasa dando el brazo a un niño
¿Voy, después, a leer a André Bretón?

Otro tiembla de frío, tose, escupe sangre
¿Cabrá aludir jamás al Yo profundo?

Otro busca en el fango huesos, cáscaras
¿Cómo escribir, después, del infinito?

Un albañil cae de un techo, muere y ya no almuerza
¿Innovar, luego, el tropo, la metáfora?

Un comerciante roba un gramo en el peso a un cliente
¿Hablar, después, de cuarta dimensión?

266

Un banquero falsea su balance
¿Con qué cara llorar en el teatro?

Un paria duerme con el pie a la espalda
¿Hablar, después, a nadie de Picasso?

Alguien va en un entierro sollozando
¿Cómo luego ingresar a la Academia?

Alguien limpia un fusil en su cocina
¿Con qué valor hablar del más allá?

Alguien pasa contando con sus dedos
¿Cómo hablar del no-yó sin dar un grito?

Hoy le ha entrado una astilla...

Hoy le ha entrado una astilla.
Hoy le ha entrado una astilla cerca, dándole
cerca, fuerte, en su modo
de ser y en su centavo ya famoso.
Le ha dolido la suerte mucho,
todo;
le ha dolido la puerta,
le ha dolido la faja, dándole
sed, aflixión
y sed del vaso pero no del vino..
Hoy le salió a la pobre vecina del aire,
a escondidas, humareda de su dogma;
hoy le ha entrado una astilla.

La inmensidad persíguela
a distancia superficial, a un vasto eslabonazo.
Hoy le salió a la pobre vecina del viento,
en la mejilla, norte, y en la mejilla, oriente;
hoy le ha entrado una astilla.

267

¿Quién comprará, en los días perecederos, ásperos,
un pedacito de café con leche,
y quién, sin ella, bajará a su rastro hasta dar luz?
¿Quién será, luego, sábado, a las siete?
¡Tristes son las astillas que le entran
a uno,
exactamente ahí precisamente!
Hoy le entró a la pobre vecina de viaje,
una llama apagada en el oráculo;
hoy le ha entrado una astilla.

Le ha dolido el dolor, el dolor joven,
el dolor niño, el dolorazo, dándole
en las manos
y dándole sed, aflixión
y sed del vaso, pero no del vino.
¡La pobre pobrecita!

El alma que sufrió de ser su cuerpo

Tú sufres de una glándula endocrínica, se ve,
o, quizá,
sufres de mí, de mi sagacidad escueta, tácita.
Tú padeces del diáfano antropoide, allá, cerca,
donde está la tiniebla tenebrosa.
Tú das vuelta al sol, agarrándote el alma,
extendiendo tus juanes corporales
y ajustándote el cuello; eso se ve.
Tú sabes lo que te duele,
lo que te salta al anca,
lo que baja por ti con soga al suelo.
Tú, pobre hombre, vives; no lo niegues,
si mueres; no lo niegues,
si mueres de tu edad ¡ay! y de tu época.
Y, aunque llores, bebes,
y, aunque sangres, alimentas a tu híbrido colmillo,

268

a tu vela tristona y a tus partes.
Tú sufres, tú padeces y tú vuelves a sufrir horriblemente,
desgraciado mono,
jovencito de Darwin,
alguacil que me atisbas, atrocísimo microbio.

Y tú lo sabes a tal punto,
que lo ignoras, soltándote a llorar.
Tú, luego, has nacido; eso
también se ve de lejos, infeliz y cállate,
y soportas la calle que te dio la suerte
y a tu ombligo interrogas: ¿dónde? ¿cómo?

Amigo mío, estás completamente,
hasta el pelo, en el año treinta y ocho,
nicolás o santiago, tal o cual,
estés contigo o con tu aborto o con-
migo
y cautivo en tu enorme libertad,
arrastrado por tu hércules autónomo...
Pero si tú calculas en tus dedos hasta dos,
es peor; no lo niegues, hermanito.

¿Que nó? ¿Que sí, pero que nó?
¡Pobre mono!... ¡Dame la pata!... No. La mano, he dicho.
¡Salud! ¡Y sufre!

Ande desnudo, en pelo, el millonario!...

¡Ande desnudo, en pelo, el millonario!
¡Desgracia al que edifica con tesoros su lecho de muerte!
¡Un mundo al que saluda;
un sillón al que siembra en el cielo;
llanto al que da término a lo que hace, guardando los
ande el de las espuelas;   [comienzos;

poco dure muralla en que no crezca otra muralla;
dése al mísero toda su miseria,
pan, al que ríe;
hayan perder los triunfos y morir los médicos;
haya leche en la sangre;
añádase una vela al sol,
ochocientos al veinte;
pase la eternidad bajo los puentes!
¡Desdén al que viste,
corónense los pies de manos, quepan en su tamaño;
siéntese mi persona junto a mí!
¡Llorar al haber cabido en aquel vientre,
bendición al que mira aire en el aire,
muchos años de clavo al martillazo;
desnúdese el desnudo,
vístase de pantalón la capa,
fulja el cobre a expensas de sus láminas,
majestad al que cae de la arcilla al universo,
lloren las bocas, giman las miradas,
impídase al acero perdurar,
hilo a los horizontes portátiles,
doce ciudades al sendero de piedra,
una esfera al que juega con su sombra;
un día hecho de una hora, a los esposos;
una madre al arado en loor al suelo,
séllense con dos sellos a los líquidos,
pase lista el bocado,
sean los descendientes,
sea la codorniz,
sea la carrera del álamo y del árbol;
venzan, al contrario del círculo, el mar a su hijo
y a la cana el lloro;
dejad los áspides, señores hombres,
surcad la llama con los siete leños,
vivid,
elévese la altura,
bajo el hondor más hondo,

conduzca la onda su impulsión andando,
tenga éxito la tregua de la bóveda!
¡Muramos;
lavad vuestro esqueleto cada día;
no me hagáis caso,
una ave coja al déspota y a su alma;
una mancha espantosa, al que va solo;
gorriones al astrónomo, al gorrión, al aviador!
¡Lloved, solead,
vigilad a Júpiter, al ladrón de ídolos de oro,
copiad vuestra letra en tres cuadernos,
aprended de los cónyuges cuando hablan, y
de los solitarios, cuando callan;
dad de comer a los novios,
dad de beber al diablo en vuestras manos,
luchad por la justicia con la nuca,
igualaos,
cúmplase el roble,
cúmplase el leopardo entre dos robles,
seamos,
estemos,
sentid cómo navega el agua en los océanos,
alimentaos,
concíbase el error, puesto que lloro,
acéptese, en tanto suban por el risco, las cabras y sus crías;
desacostumbrad a Dios a ser un hombre,
creced...!
Me llaman. Vuelvo.

Viniere el malo, con un trono al hombro...

Viniere el malo, con un trono al hombro,
y el bueno, a acompañar al malo a andar;
dijeren «sí» el sermón, «no» la plegaria
y cortare el camino en dos la roca...

Comenzare por monte la montaña,
por remo el tallo, por timón el cedro
y esperaren doscientos a sesenta
y volviere la carne a sus tres títulos...

Sobrase nieve en la noción del fuego,
se acostare el cadáver a mirarnos,
la centella a ser trueno corpulento
y se arquearen los saurios a ser aves...

Faltare excavación junto al estiércol,
naufragio al río para resbalar,
cárcel al hombre libre, para serlo,
y una atmósfera al cielo, y hierro al oro...

Mostraren disciplina, olor, las fieras,
se pintare el enojo de soldado,
me dolieren el junco que aprendí,
la mentira que inféctame y socórreme...

Sucediere ello así y así poniéndolo,
¿con qué mano despertar?
¿con qué pie morir?
¿con qué ser pobre?
¿con qué voz callar?
¿con cuánto comprender, y, luego, a quién?

No olvidar ni recordar
que por mucho cerrarla, robáronse la puerta,
y de sufrir tan poco estoy muy resentido,
y de tánto pensar, no tengo boca.

Al revés de las aves del monte...

Al revés de las aves del monte,
que viven del valle,
aquí, una tarde,
aquí, presa, metaloso, terminante,

272

vino el Sincero con sus nietos pérfidos,
y nosotros quedámonos, que no hay
más madera en la cruz de la derecha,
ni más hierro en el clavo de la izquierda,
que un apretón de manos entre zurdos.

Vino el Sincero, ciego, con sus lámparas.
Se vio al Pálido, aquí, bastar
al Encarnado;
nació de puro humilde el Grande;
la guerra,
esta tórtola mía, nunca nuestra,
diseñóse, borróse, ovó, matáronla.

Llevóse el Ebrio al labio un roble, porque
amaba, y una astilla
de roble, porque odiaba;
trenzáronse las trenzas de los potros
y la crin de las potencias;
cantaron los obreros; fui dichoso.

El Pálido abrazóse al Encarnado
y el Ebrio, saludónos, escondiéndose.
Como era aquí y al terminar el día,
¡qué más tiempo que aquella plazoleta!
¡qué año mejor que esa gente!
¡qué momento más fuerte que ese siglo!

Pues de lo que hablo no es
sino de lo que pasa en esta época, y
de lo que ocurre en China y en España, y en el mundo.
(Walt Whitman tenía un pecho suavísimo y respiraba
y nadie sabe lo que él hacía cuando lloraba en su comedor)

Pero, volviendo a lo nuestro,
y al verso que decía, fuera entonces
que vi que el hombre es malnacido,
mal vivo, mal muerto, mal moribundo,

y, naturalmente,
el tartufo sincero desespérase,
el pálido (es el pálido de siempre)
será pálido por algo,
y el ebrio, entre la sangre humana y la leche animal,
abátese, da, y opta por marcharse.

Todo esto
agítase, ahora mismo,
en mi vientre de macho extrañamente.

¡Dulzura por dulzura corazona!...

¡Dulzura por dulzura corazona!
¡Dulzura a gajos, eras de vista,
esos abiertos días, cuando monté por árboles caídos!
Así por tu paloma palomita,
por tu oración pasiva,
andando entre tu sombra y el gran tesón corpóreo de tu
[sombra.

Debajo de ti y yo,
tú y yo, sinceramente,
tu candado ahogándose de llaves,
yo ascendiendo y sudando
y haciendo lo infinito entre tus muslos.
(El hotelero es una bestia,
sus dientes, admirables; yo controlo
el orden pálido de mi alma:
señor, allá distante... paso paso... adiós, señor...)

Mucho pienso en todo esto conmovido, perduroso
y pongo tu paloma a la altura de tu vuelo
y, cojeando de dicha, a veces,
repósome a la sombra de ese árbol arrastrado.

Costilla de mi cosa,
dulzura que tú tapas sonriendo con tu mano;
tu traje negro que se habrá acabado,
amada, amada en masa,
¡qué unido a tu rodilla enferma!

Simple ahora te veo, te comprendo avergonzado
en Letonia, Alemania, Rusia, Bélgica, tu ausente,
tu portátil ausente,
hombre convulso de la mujer temblando entre sus vínculos.

¡Amada en la figura de tu cola irreparable,
amada que yo amara con fósforos floridos,
quand on a à la vie et la jeunesse,
c'est déjà tellement!

Cuando ya no haya espacio
entre tu grandeza y mi postrer proyecto,
amada,
volveré a tu media, haz de besarme,
bajando por tu media repetida,
tu portátil ausente, dile así...

Ello es que el lugar donde me pongo...

Ello es que el lugar donde me pongo
el pantalón, es una casa donde
me quito la camisa en alta voz
y donde tengo un suelo, un alma, un mapa de mi España.
Ahora mismo hablaba
de mí conmigo, y ponía
sobre un pequeño libro un pan tremendo
y he, luego, hecho el traslado, he trasladado,
queriendo canturrear un poco, el lado
derecho de la vida al lado izquierdo;
más tarde, me he lavado todo, el vientre,

275

briosa, dignamente;
he dado vuelta a ver lo que se ensucia,
he raspado lo que me lleva tan cerca
y he ordenado bien el mapa que
cabeceaba o lloraba, no lo sé.

Mi casa, por desgracia, es una casa,
un suelo por ventura, donde vive
con su inscripción mi cucharita amada,
mi querido esqueleto ya sin letras,
la navaja, un cigarro permanente.
De veras, cuando pienso
en lo que es la vida,
no puedo evitar de decírselo a Georgette,
a fin de comer algo agradable y salir,
por la tarde, comprar un buen periódico,
guardar un día para cuando no haya,
una noche también, para cuando haya
(así se dice en el Perú — me excuso);
del mismo modo, sufro con gran cuidado,
a fin de no gritar o de llorar, ya que los ojos
poseen, independientemente de uno, sus pobrezas,
quiero decir, su oficio, algo
que resbala del alma y cae al alma.

Habiendo atravesado
quince años; después, quince, y, antes, quince,
uno se siente, en realidad, tontillo,
es natural, por lo demás ¡qué hacer!
¿Y qué dejar de hacer, que es lo peor?
Sino vivir, sino llegar
a ser lo que es uno entre millones
de panes, entre miles de vinos, entre cientos de bocas,
entre el sol y su rayo que es de luna
y entre la misa, el pan, el vino y mi alma.

Hoy es domingo y, por eso,
me viene a la cabeza la idea, al pecho el llanto
y a la garganta, así como un gran bulto.

Hoy es domingo, y esto
tiene muchos siglos; de otra manera,
sería, quizá, lunes, y vendríame al corazón la idea,
al seso, el llanto
y a la garganta, una gana espantosa de ahogar
lo que ahora siento,
como un hombre que soy y que he sufrido.

ESPAÑA, APARTA DE MI ESTE CALIZ

I

Himno a los voluntarios de la República

Voluntario de España, miliciano
de huesos fidedignos, cuando marcha a morir tu corazón,
cuando marcha a matar con su agonía
mundial, no sé verdaderamente
qué hacer, dónde ponerme; corro, escribo, aplaudo,
lloro, atisbo, destrozo, apagan, digo
a mi pecho que acabe, al bien, que venga,
y quiero desgraciarme;
descúbrome la frente impersonal hasta tocar
el vaso de la sangre, me detengo,
detienen mi tamaño esas famosas caídas de arquitecto
con las que se honra al animal que me honra;
refluyen mis instintos a sus sogas,
humea ante mi tumba la alegría
y, otra vez, sin saber qué hacer, sin nada, déjame,
desde mi piedra en blanco, déjame,
solo,
cuadrumano, más acá, mucho más lejos,
al no caber entre mis manos tu largo rato extático,
quiebro contra tu rapidez de doble filo
mi pequeñez en traje de grandeza!

Un día diurno, claro, atento, fértil
¡oh bienio, el de los lóbregos semestres suplicantes,
por el que iba la pólvora mordiéndose los codos!
¡oh dura pena y más duros pedernales!
¡oh frenos los tascados por el pueblo!
Un día prendió el pueblo su fósforo cautivo, oró de cólera
y soberanamente pleno, circular,
cerró su natalicio con manos electivas;
arrastraban candado ya los déspotas
y en el candado, sus bacterias muertas...

¿Batallas? ¡No! Pasiones! Y pasiones precedidas
de dolores con rejas de esperanzas,
de dolores de pueblo con esperanzas de hombres!
¡Muerte y pasión de paz, las populares!
¡Muerte y pasión guerreras entre olivos, entendámonos!
Tal en tu aliento cambian de agujas atmosféricas los
y de llave las tumbas en tu pecho,   [vientos
tu frontal elevándose a primera potencia de martirio.

El mundo exclama: «¡Cosas de españoles!» Y es verdad.
durante una balanza, a quema ropa,   [Consideremos,
a Calderón, dormido sobre la cola de un anfibio muerto
o a Cervantes diciendo: «Mi reino es de este mundo, pero
también del otro»: ¡punta y filo en dos papeles!
Contemplemos a Goya, de hinojos y rezando ante un
a Coll, el paladín en cuyo asalto cartesiano   [espejo,
tuvo un sudor de nube el paso llano
o a Quevedo, ese abuelo instantáneo de los dinamiteros
o a Cajal, devorado por su pequeño infinito, o todavía
a Teresa, mujer, que muere porque no muere
o a Lina Odena, en pugna en más de un punto con Teresa...
(Todo acto o voz genial viene del pueblo
y va hacia él, de frente o transmitido
por incesantes briznas, por el humo rosado
de amargas contraseñas sin fortuna)

Así tu criatura, miliciano, así tu exangüe criatura,
agitada por una piedra inmóvil,

se sacrifica, apártase,
decae para arriba y por su llama incombustible sube,
sube hasta los débiles,
distribuyendo españas a los toros,
toros a las palomas...

Proletario que mueres de universo, ¡en qué frenética
                                                [armonía
acabará tu grandeza, tu miseria, tu vorágine impelente
tu violencia metódica, tu caos teórico y práctico, tu gana
dantesca, españolísima, de amar, aunque sea a traición,
¡Liberador ceñido de grilletes,   [a tu enemigo!
sin cuyo esfuerzo hasta hoy continuaría sin asas la ex-
vagarían acéfalos los clavos,   [tensión,
antiguo, lento, colorado, el día,
nuestros amados cascos, insepultos!
¡Campesino caído con tu verde follaje por el hombre,
con la inflexión social de tu meñique,
con tu buey que se queda, con tu física,
también con tu palabra atada a un palo
y tu cielo arrendado
y con la arcilla inserta en tu cansancio
y la que estaba en tu uña, caminando!
¡Constructores
agrícolas, civiles y guerreros,
de la activa, hormigueante eternidad: estaba escrito
que vosotros haríais la luz, entornando
con la muerte vuestros ojos;
que, a la caída cruel de vuestras bocas,
vendrá en siete bandejas la abundancia, todo
en el mundo será de oro súbito
y el oro,
fabulosos mendigos de vuestra propia secreción de sangre,
y el oro mismo será entonces de oro!
¡Se amarán todos los hombres
y comerán tomados de las puntas de vuestros pañuelos
y beberán en nombre   [tristes
de vuestras gargantas infaustas!

Descansarán andando al pie de esta carrera,
sollozarán pensando en vuestra órbitas, venturosos
serán y al son
de vuestro atroz retorno, florecido, innato,
ajustarán mañana sus quehaceres, sus figuras soñadas
[y cantadas!

¡Unos mismos zapatos irán bien al que asciende
sin vías a su cuerpo
y al que baja hasta la forma de su alma!
¡Entrelazándose hablarán los mudos, los tullidos andarán!
¡Verán, ya de regreso, los ciegos
y palpitando escucharán los sordos!
¡Sabrán los ignorantes, ignorarán los sabios!
¡Serán dados los besos que no pudisteis dar!
¡Sólo la muerte morirá! ¡La hormiga
traerá pedacitos de pan al elefante encadenado
a su brutal delicadeza; volverán
los niños abortados a nacer perfectos, espaciales
y trabajarán todos los hombres,
engendrarán todos los hombres,
comprenderán todos los hombres!

¡Obrero, salvador, redentor nuestro,
perdónanos, hermano, nuestras deudas!
Como dice un tambor al redoblar, en sus adagios:
qué jamás tan efímero, tu espalda!
qué siempre tan cambiante, tu perfil!

¡Voluntario italiano, entre cuyos animales de batalla
un león abisinio, va cojeando!
¡Voluntario soviético, marchando a la cabeza de tu pecho
[universal!
¡Voluntarios del sur, del norte, del oriente
y tú, el occidental, cerrando el canto fúnebre del alba!
¡Soldado conocido, cuyo nombre
desfila en el sonido de un abrazo!
¡Combatiente que la tierra criara, armándote
de polvo,

calzándote de imanes positivos,
vigentes tus creencias personales,
distinto de carácter, íntima tu férula,
el cutis inmediato,
andándote tu idioma por los hombros
y el alma coronada de guijarros!
¡Voluntario fajado de tu zona fría,
templada o tórrida,
héroes a la redonda,
víctima en columna de vencedores:
en España, en Madrid, están llamando
a matar, voluntarios de la vida!

¡Porque en España matan, otros matan
al niño, a su juguete que se para,
a la madre Rosenda esplendorosa,
al viejo Adán que hablaba en voz alta con su caballo
y al perro que dormía en la escalera.
Matan al libro, tiran a sus verbos auxiliares,
a su indefensa página primera!
Matan el caso exacto de la estatua,
al sabio, a su bastón, a su colega,
al barbero de al lado —me cortó posiblemente,
pero buen hombre y, luego, infortunado;
al mendigo que ayer cantaba enfrente,
a la enfermera que hoy pasó llorando,
al sacerdote a cuestas con la altura tenaz de sus rodillas...
¡Voluntarios,
por la vida, por los buenos, matad
a la muerte, matad a los malos!
¡Hacedlo por la libertad de todos,
del explotado y del explotador,
por la paz indolora —la sospecho
cuando duermo al pie de mi frente
y más cuando circulo dando voces—
y hacedlo, voy diciendo,
por el analfabeto a quien escribo,
por el genio descalzo y su cordero,

por los camaradas caídos,
sus cenizas abrazadas al cadáver de un camino!

Para que vosotros,
voluntarios de España y del mundo vinierais,
soñé que era yo bueno, y era para ver
vuestra sangre, voluntarios...
De esto hace mucho pecho, muchas ansias,
muchos camellos en edad de orar.
Marcha hoy de vuestra parte el bien ardiendo,
os siguen con cariño los reptiles de pestaña inmanente
y, a dos pasos, a uno,
la dirección del agua que corre a ver su límite antes que
[arda.

II

Batallas

Hombre de Extremadura,
oigo bajo tu pie el humo del lobo,
el humo de la especie,
el humo del niño,
el humo solitario de los trigos,
el humo de Ginebra, el humo de Roma, el humo de Berlín
y el de París y el humo de tu apéndice penoso
y el humo que, al fin, sale del futuro.
¡Oh vida! ¡oh tierra! ¡oh España!
¡Onzas de sangre,
metros de sangre, líquidos de sangre,
sangre a caballo, a pie, mural, sin diámetro,
sangre de cuatro en cuatro, sangre de agua
y sangre muerta de la sangre viva!

Extremeño, ¡oh, no ser aún ese hombre
por el que te mató la vida y te parió la muerte
y quedarse tan solo a verte así, desde este lobo,

cómo sigues arando en nuestros pechos!
¡Extremeño, conoces
el secreto en dos voces, popular y táctil,
del cereal: ¡que nada vale tánto
como una gran raíz en trance de otra!
¡Extremeño acodado, representando al alma en su retiro,
acodado a mirar
el caber de una vida en una muerte!
Extremeño, y no haber tierra que hubiere
el peso de tu arado, ni más mundo
que el color de tu yugo entre dos épocas; no haber
el orden de tus póstumos ganados!
¡Extremeño, dejásteme
verte desde este lobo, padecer,
pelear por todos y pelear
para que el individuo sea un hombre,
para que los señores sean hombres,
para que todo el mundo sea un hombre, y para
que hasta los animales sean hombres,
el caballo, un hombre,
el reptil, un hombre,
el buitre, un hombre honesto,
la mosca, un hombre, y el olivo, un hombre
y hasta el ribazo, un hombre
y el mismo cielo, todo un hombrecito!

Luego, retrocediendo desde Talavera,
en grupos de a uno, armados de hambre, en masas de a uno,
armados de pecho hasta la frente,
sin aviones, sin guerra, sin rencor,
el perder a la espalda
y el ganar
más abajo del plomo, heridos mortalmente de honor,
locos de polvo, el brazo a pie,
amando por las malas,
ganando en español toda la tierra,
retroceder aún, y no saber

dónde poner su España,
dónde ocultar su beso de orbe,
dónde plantar su olivo de bolsillo!

Más desde aquí, más tarde,
desde el punto de vista de esta tierra,
desde el duelo al que fluye el bien satánico,
se ve la gran batalla de Guernica.
¡Lid a priori, fuera de la cuenta,
lid en paz, lid de las almas débiles
contra los cuerpos débiles, lid en que el niño pega,
sin que le diga nadie que pegara,
bajo su atroz diptongo
y bajo su habilísimo pañal,
y en que la madre pega con su grito, con el dorso de
                                        [una lágrima
y en que el enfermo pega con su mal, con su pastilla
                                        [y su hijo
y en que el anciano pega
con sus canas, sus siglos y su palo
y en que pega el presbítero con dios!
¡Tácitos defensores de Guernica!
¡oh débiles! ¡oh suaves ofendidos,
que os eleváis, crecéis,
y llenáis de poderosos débiles el mundo!

En Madrid, en Bilbao, en Santander,
los cementerios fueron bombardeados,
y los muertos inmortales,
de vigilantes huesos y hombro eterno, de las tumbas,
los muertos inmortales, de sentir, de ver, de oír
tan bajo el mal, tan muertos a los viles agresores,
reanudaron entonces sus penas inconclusas,
acabaron de llorar, acabaron
de esperar, acabaron
de sufrir, acabaron de vivir,
acabaron, en fin, de ser mortales!

¡Y la pólvora fue, de pronto, nada,
cruzándose los signos y los sellos,
y a la explosión salióle al paso un paso,
y al vuelo a cuatro patas, otro paso
y al cielo apocalíptico, otro paso
y a los siete metales, la unidad,
sencilla justa, colectiva, eterna.

¡Málaga sin padre ni madre,
ni piedrecilla, ni horno, ni perro blanco!
¡Málaga sin defensa, donde nació mi muerte dando pasos
y murió de pasión mi nacimiento!
¡Málaga caminando tras de tus pies, en éxodo,
bajo el mal, bajo la cobardía, bajo la historia cóncava,
con la yema en tu mano: tierra orgánica!   [indecible,
y la clara en la punta del cabello: todo el caos!
¡Málaga huyendo
de padre a padre, familiar, de tu hijo a tu hijo,
a lo largo del mar que huye del mar
a través del metal que huye del plomo,
al ras del suelo que huye de la tierra
y a las órdenes ¡ay!
de la profundidad que te quería!
¡Málaga a golpes, a fatídico coágulo, a bandidos,
a cielazos,   [a infiernazos,
andando sobre duro vino, en multitud,
sobre la espuma lila, de uno en uno,
sobre huracán estático y más lila,
y al compás de las cuatro órbitas que aman
y de las dos costillas que se matan!
¡Málaga de mi sangre diminuta
y mi coloración a gran distancia,
la vida sigue con tambor a tus honores alazanes,
con cohetes, a tus niños eternos
y con silencio a tu último tambor,
con nada, a tu alma,
y con más nada, a tu esternón genial!

¡Málaga, no te vayas con tu nombre!
¡Que si te vas,
te vas
toda, hacia ti, infinitamente toda en son total,
concorde con tu tamaño fijo en que me aloco
con tu suela feraz y su agujero
y tu navaja antigua atada a tu hoz enferma
y tu madero atado a un martillo!
¡Málaga literal y malagueña,
huyendo a Egipto, puesto que estás clavada,
alargando en sufrimiento idéntico tu danza,
resolviéndose en ti el volumen de la esfera,
perdiendo tu botijo, tus cánticos, huyendo
con tu España exterior y tu orbe innato!
¡Málaga por derecho propio
y en el jardín biológico, más Málaga!
¡Málaga en virtud
del camino, en atención al lobo que te sigue
y en razón del lobezno que te espera!
¡Málaga, que estoy llorando!
Málaga, que lloro y lloro!

III

Solía escribir con su dedo grande en el aire:
«¡Viban los compañeros! Pedro Rojas»,
de Miranda de Ebro, padre y hombre,
marido y hombre, ferroviario y hombre,
padre y más hombre. Pedro y sus dos muertes.

Papel de viento, lo han matado: ¡pasa!
Pluma de carne, lo han matado: ¡pasa!
¡Abisa a todos compañeros pronto!

Palo en el que han colgado su madero,
lo han matado;

290

¡lo han matado al pie de su dedo grande!
¡Han matado, a la vez, a Pedro, a Rojas!

¡Viban los compañeros
a la cabecera de su aire escrito!
¡Viban con esta b del buitre en las entrañas
de Pedro
y de Rojas, del héroe y del mártir!
Registrándole, muerto, sorprendiéronle
en su cuerpo un gran cuerpo, para
el alma del mundo,
y en la chaqueta una cuchara muerta.

Pedro también solía comer
entre las criaturas de su carne, asear, pintar
la mesa y vivir dulcemente
en representación de todo el mundo.
Y esta cuchara anduvo en su chaqueta,
despierto o bien cuando dormía, siempre,
cuchara muerta viva, ella y sus símbolos.
¡Abisa a todos compañeros pronto!
¡Viban los compañeros al pie de esta cuchara para siempre!

Lo han matado, obligándole a morir
a Pedro, a Rojas, al obrero, al hombre, a aquel
que nació muy niñín, mirando al cielo,
y que luego creció, se puso rojo
y luchó con sus células, sus nos, sus todavías, sus hambres,
Lo han matado suavemente   [sus pedazos.
entre el cabello de su mujer, la Juana Vázquez,
a la hora del fuego, al año del balazo
y cuando andaba cerca ya de todo.

Pedro Rojas, así, después de muerto
se levantó, besó su catafalco ensangrentado,
lloró por España
y volvió a escribir con el dedo en el aire:
«¡Viban los compañeros! Pedro Rojas».
Su cadáver estaba lleno de mundo.

IV

Los mendigos pelean por España,
mendigando en París, en Roma, en Praga
y mendigando así, con mano gótica, rogante,
los pies de los Apóstoles, en Londres, en New York,
[en Méjico.
Los pordioseros luchan suplicando infernalmente
a Dios Santander,
la lid en que ya nadie es derrotado.
Al sufrimiento antiguo
danse, encarnízanse en llorar plomo social
al pie del individuo,
y atacan a gemidos, los mendigos,
matando con tan solo ser mendigos.

Ruegos de infantería,
en que el arma ruega del metal para arriba,
y ruega la ira, más acá de la pólvora iracunda.
Tácitos escuadrones que disparan,
con cadencia mortal, su mansedumbre,
desde un umbral, desde sí mismos, ¡ay! desde sí mismos.
Potenciales guerreros
sin calcetines al calzar el trueno,
satánicos, numéricos,
arrastrando sus títulos de fuerza,
migaja al cinto,
fusil doble calibre: sangre y sangre.
¡El poeta saluda al sufrimiento armado!

292

V

Imagen española de la muerte

¡Ahí pasa! ¡Llamadla! ¡Es su costado!
¡Ahí pasa la muerte por Irún:
sus pasos de acordeón, su palabrota,
su metro del tejido que te dije,
su gramo de aquel peso que he callado ¡si son ellos!

¡Llamadla! Daos prisa! Va buscándome en los rifles,
como que sabe bien dónde la venzo,
cuál es mi maña grande, mis leyes especiosas, mis códigos
                                                [terribles.
¡Llamadla! Ella camina exactamente como un hombre,
                                        [entre las fieras,
se apoya de aquel brazo que se enlaza a nuestros pies
cuando dormimos en los parapetos
y se para a las puertas elásticas del sueño.

¡Gritó! ¡Gritó! ¡Gritó su grito nato, sensorial!
Gritará de vergüenza, de ver cómo ha caído entre las
de ver cómo se aleja de las bestias,   [plantas,
de oír cómo decimos: ¡Es la muerte!
¡De herir nuestros más grandes intereses!

(Porque elabora su hígado la gota que te dije, camarada;
porque se come el alma del vecino)
¡Llamadla! Háy que seguirla
hasta el pie de los tanques enemigos,
que la muerte es un ser sido a la fuerza,
cuyo principio y fin llevo grabados
a la cabeza de mis ilusiones,
por mucho que ella corra el peligro corriente
que tú sabes
y que haga como que hace que me ignora.

¡Llamadla! No es un ser, muerte violenta,
sino, apenas, lacónico suceso;
más bien su modo tira, cuando ataca,
tira a tumulto simple, sin órbitas ni cánticos de dicha;
más bien tira su tiempo audaz, a céntimo impreciso
y sus sordos quilates, a déspotas aplausos.
Llamadla, que en llamándola con saña, con figuras,
se la ayuda a arrastrar sus tres rodillas,
como, a veces,
a veces duelen, punzan fracciones enigmáticas, globales,
como, a veces, me palpo y no me siento.

¡Llamadla! ¡Daos prisa! Va buscándome,
con su cognac, su pómulo moral,
sus pasos de acordeón, su palabrota.
¡Llamadla! No hay que perderle el hilo en que la lloro.
De su olor para arriba, ¡ay de mi polvo, camarada!
De su pus para arriba, ¡ay de mi férula, teniente!
De su imán para abajo, ¡ay de mi tumba!

VI

Cortejo tras la toma de Bilbao

Herido y muerto, hermano,
criatura veraz, republicana, están andando en tu trono,
desde que tu espinazo cayó famosamente;
están andando, pálido, en tu edad flaca y anual,
laboriosamente absorta ante los vientos.

Guerrero en ambos dolores,
siéntate a oír, acuéstate al pie del palo súbito,
inmediato de tu trono;
voltea;
están las nuevas sábanas, extrañas;
están andando, hermano, están andando.

Han dicho: «Cómo! Dónde!», expresándose
en trozos de paloma,
y los niños suben sin llorar a tu polvo.
Ernesto Zúñiga, duerme con la mano puesta,
con el concepto puesto,
en descanso tu paz, en paz tu guerra.

Herido mortalmente de vida, camarada,
camarada jinete,
camarada caballo entre hombre y fiera,
tus huesecillos de alto y melancólico dibujo
forman pompa española, pompa
laureada de finísimos andrajos!

Siéntate, pues, Ernesto,
oye que están andando, aquí, en tu trono,
desde que tu tobillo tiene canas.
¿Qué trono?
¡Tu zapato derecho! ¡Tu zapato!

VII

Varios días el aire, compañeros,
muchos días el viento cambia de aire,
el terreno, de filo,
de nivel el fusil republicano.
Varios días España está española.

Varios días el mal
moviliza sus órbitas, se abstiene,
paraliza sus ojos escuchándolos.
Varios días orando con sudor desnudo,
los milicianos cuélganse del hombre.
Varios días, el mundo, camarada,
el mundo está español hasta la muerte.

Varios días ha muerto aquí el disparo
y ha muerto el cuerpo en su papel de espíritu
y el alma es ya nuestra alma, compañeros.
Varios días el cielo,
éste, el del día, el de la pata enorme.

Varios días, Gijón;
muchos días, Gijón;
mucho tiempo, Gijón;
mucha tierra, Gijón;
mucho hombre, Gijón;
y mucho dios, Gijón,
muchísimas Españas ¡ay! Gijón.

Camarada,
varios días el viento cambia de aire.

VIII

Aquí,
Ramón Collar,
prosigue tu familia soga a soga,
se sucede,
en tanto que visitas, tú, allá, a las siete espadas, en Madrid,
en el frente de Madrid.

¡Ramón Collar, yuntero
y soldado hasta yerno de tu suegro,
marido, hijo limítrofe del viejo Hijo del Hombre!
Ramón de pena, tú, Collar valiente,
paladín de Madrid y por cojones; Ramonete,
aquí,
los tuyos piensan mucho en tu peinado!

¡Ansiosos, ágiles de llorar, cuando la lágrima!
¡Y cuando los tambores, andan; hablan
delante de tu buey, cuando la tierra!

¡Ramón! ¡Collar! ¡Si eres herido,
no seas malo en sucumbir; ¡refrénate!
Aquí,
tu cruel capacidad está en cajitas;
aquí,
tu pantalón oscuro, andando el tiempo,
sabe ya andar solísimo, acabarse;
aquí,
Ramón, tu suegro, el viejo,
te pierde a cada encuentro con su hija!

Te diré que han comido aquí tu carne,
sin saberlo,
tu pecho, sin saberlo,
tu pie;
pero cavilan todos en tus pasos coronados de polvo!

¡Han rezado a Dios,
aquí;
se han sentado en tu cama, hablando a voces
entre tu soledad y tus cositas;
no sé quién ha tomado tu arado, no sé quién
fue a ti, ni quién volvió de tu caballo!

¡Aquí, Ramón Collar, en fin, tu amigo!
¡Salud, hombre de Dios, mata y escribe.

IX

*Pequeño responso a un héroe
de la República*

Un libro quedó al borde de su cintura muerta,
un libro retoñaba de su cadáver muerto.
Se llevaron al héroe,
y corpórea y aciaga entró su boca en nuestro aliento;

sudamos todos, el hombligo a cuestas;
caminantes las lunas nos seguían;
también sudaba de tristeza el muerto.

Y un libro, en la batalla de Toledo,
un libro, atrás un libro, arriba un libro, retoñaba del
[cadáver.
Poesía del pómulo morado, entre el decirlo
y el callarlo,
poesía en la carta moral que acompañara
a su corazón.
Quedóse el libro y nada más, que no hay
insectos en la tumba,
y quedó al borde de su manga, el aire remojándose
y haciéndose gaseoso, infinito.

Todos sudamos, el hombligo a cuestas,
también sudaba de tristeza el muerto
y un libro, yo lo vi sentidamente,
un libro, atrás un libro, arriba un libro
retoño del cadáver ex abrupto.

X

Invierno en la batalla de Teruel

¡Cae agua de revólveres lavados!
Precisamente,
es la gracia metálica del agua,
en la tarde nocturna en Aragón,
no obstante las construídas yerbas,
las legumbres ardientes, las plantas industriales.

Precisamente,
es la rama serena de la química,
la rama de explosivos en un pelo,
la rama de automóviles en frecuencia y adioses.

298

Así responde el hombre, así, a la muerte,
así mira de frente y escucha de costado,
así el agua, al contrario de la sangre, es de agua,
así el fuego, al revés de la ceniza, alisa sus rumiantes
[ateridos.
¿Quién va, bajo la nieve? ¿Están matando? No.
Precisamente,
va la vida coleando, con su segunda soga.

¡Y horrísima es la guerra, solivianta,
lo pone a uno largo, ojoso;
de tumba la guerra, da caer,
da dar un salto extraño de antropoide!
Tú lo hueles, compañero, perfectamente,
al pisar
por distracción tu brazo entre cadáveres;
tú lo ves, pues tocaste tus testículos, poniéndote rojísimo;
tú lo oyes en tu boca de soldado natural.

Vamos, pues compañero;
nos espera tu sombra apercibida,
nos espera tu sombra acuartelada,
mediodía capitán, noche soldado raso...
Por eso, al referirme a esta agonía,
aléjome de mí gritando fuerte:
¡Abajo mi cadáver!... Y sollozo.

XI

Miré al cadáver, su raudo orden visible
y el desorden lentísimo de su alma;
le vi sobrevivir; hubo en su boca
la edad entrecortada de dos bocas.
Le gritaron su número: pedazos.
Le gritaron su amor: ¡más le valiera!
Le gritaron su bala: ¡también muerta!

Y su orden digestivo sosteníase
y el desorden de su alma, atrás, en balde.
Le dejaron y oyeron, y es entonces
que el cadáver
casi vivió en secreto, en un instante;
mas le auscultaron mentalmente, ¡y fechas!
lloráronle al oído, ¡y también fechas!

XII

Masa

Al fin de la batalla,
y muerto el combatiente, vino hacia él un hombre
y le dijo: «No mueras, te amo tanto!»
Pero el cadáver ¡ay! siguió muriendo.

Se le acercaron dos y repitiéronle:
«No nos dejes! ¡Valor! ¡Vuelve a la vida!»
Pero el cadáver ¡ay! siguió muriendo.

Acudieron a él veinte, cien, mil, quinientos mil,
clamando: «Tanto amor y no poder nada contra la
Pero el cadáver ¡ay! siguió muriendo.   [muerte!»

Le rodearon millones de individuos,
con un ruego común: «¡Quédate hermano!»
Pero el cadáver ¡ay! siguió muriendo.

Entonces, todos los hombres de la tierra
le rodearon; les vio el cadáver triste, emocionado;
incorporóse lentamente,
abrazó al primer hombre; echóse a andar...

XIII

*Redoble fúnebre a los escombros
de Durango*

Padre polvo que subes de España,
Dios te salve, libere y corone,
padre polvo que asciendes del alma.

Padre polvo que subes del fuego,
Dios te salve, te calce y dé un trono,
padre polvo que estás en los cielos.

Padre polvo, biznieto del humo,
Dios te salve y ascienda a infinito,
padre polvo, biznieto del humo.

Padre polvo en que acaban los justos,
Dios te salve y devuelva a la tierra,
padre polvo en que acaban los justos.

Padre polvo que creces en palmas,
Dios te salve y revista de pecho,
padre polvo, terror de la nada.

Padre polvo, compuesto de hierro,
Dios te salve y te dé forma de hombre,
padre polvo que marchas ardiendo.

Padre polvo, sandalia del paria,
Dios te salve y jamás te desate,
padre polvo, sandalia del paria.

Padre polvo que avientan los bárbaros,
Dios te salve y te ciña de dioses,
padre polvo que escoltan los átomos.

Padre polvo, sudario del pueblo,
Dios te salve del mal para siempre,
padre polvo español, padre nuestro.

Padre polvo que vas al futuro,
Dios te salve, te guíe y te dé alas,
padre polvo que vas al futuro.

XIV

¡Cuídate, España, de tu propia España!
¡Cuídate de la hoz sin el martillo,
cuídate del martillo sin la hoz!
¡Cuídate de la víctima apesar suyo,
del verdugo apesar suyo
y del indiferente apesar suyo!
¡Cuídate del que, antes de que cante el gallo,
negárate tres veces,
y del que te negó, después, tres veces!
¡Cuídate de las calaveras sin las tibias,
y de las tibias sin las calaveras!
¡Cuídate de los nuevos poderosos!
¡Cuídate del que come tus cadáveres,
del que devora muertos a tus vivos!
¡Cuídate del leal ciento por ciento!
¡Cuídate del cielo más acá del aire
y cuídate del aire más allá del cielo!
¡Cuídate de los que te aman!
¡Cuídate de tus héroes!
¡Cuídate de tus muertos!
¡Cuídate de la República!
¡Cuídate del futuro!...

XV

España, aparta de mí este cáliz

Niños del mundo,
si cae España —digo, es un decir—
si cae
del cielo abajo su antebrazo que asen,
en cabestro, dos láminas terrestres;
niños, ¡qué edad la de las sienes cóncavas!
¡qué temprano en el sol lo que os decía!
¡qué pronto en vuestro pecho el ruido anciano!
qué viejo vuestro 2 en el cuaderno!

¡Niños del mundo, está
la madre España con su vientre a cuestas;
está nuestra maestra con sus férulas,
está madre y maestra,
cruz y madera, porque os dio la altura,
vértigo y división y suma, niños;
está con ella, padres procesales!

Si cae —digo, es un decir— si cae
España, de la tierra para abajo,
niños, ¡cómo vais a cesar de crecer!
¡cómo va a castigar el año al mes!
¡cómo van a quedarse en diez los dientes,
en palote el diptongo, la medalla en llanto!
¡Cómo va el corderillo a continuar
atado por la pata al gran tintero!
¡Cómo vais a bajar las gradas del alfabeto
hasta la letra en que nació la pena!
Niños,
hijos de los guerreros, entretanto,
bajad la voz, que España está ahora mismo repartiendo
la energía entre el reino animal,
las florecillas, los cometas y los hombres.

¡Bajad la voz, que está
con su rigor, que es grande, sin saber
qué hacer, y está en su mano
la calavera hablando y habla y habla,
la calavera, aquélla de la trenza,
la calavera, aquélla de la vida!

¡Bajad la voz, os digo;
bajad la voz, el canto de las sílabas, el llanto
de la materia y el rumor menor de las pirámides, y aún
el de las sienes que andan con dos piedras!
¡Bajad el aliento, y si
el antebrazo baja,
si las férulas suenan, si es la noche,
si el cielo cabe en dos limbos terrestres,
si hay ruido en el sonido de las puertas,
si tardo,
si no veis a nadie, si os asustan
los lápices sin punta, si la madre
España cae —digo, es un decir—
salid, niños del mundo; id a buscarla!...

Alianza Tres

Títulos publicados